通訳メソッドを応用した
中国語短文会話800

中国語通訳・翻訳
長谷川 正時 ◆ 著

スリーエーネットワーク

© 2004 by Hasegawa Masatoki

All rights reserved. No part of this publication may be reproduced, stored in a retrieval system, or transmitted in any form or by any means, electronic, mechanical, photocopying, recording, or otherwise, without the prior written permission of the Publisher.

Published by 3A Corporation.
Trusty Kojimachi Bldg., 2F, 4, Kojimachi 3-Chome, Chiyoda-ku, Tokyo 102-0083, Japan

ISBN978-4-88319-296-0 C0087

First published 2004
Printed in Japan

はじめに

【本書の対象者】

　本書は、通訳訓練メソッドを使って、会話力の向上をはかろうという独習用の会話練習教材です。対象は中級レベルの方々です。大学や語学専門学校で中国語を2年以上（週5日間午前午後）学習された日本人及び2年以上中国へ留学された方々、仕事で中国語会話力を必要とするビジネスマン、そして通訳者を目指して勉強されている皆さんです。

　対象者は、数年の学習歴があり、それなりの中国語の能力と知識を持っておられる方々ですから、会話もある程度出来ますし、時には簡単な通訳をされる機会もあると思います。

　そういった方々は、どうしたら本当に会話がよりうまくなるか、どうしたら会話や通訳をよりスムーズに出来るようになるかと、真剣に考えておられると思います。

　最大の問題は訓練と経験の不足ではないかと思います。ご自分のレベルに合った、潜在力を引き出してくれる適切な中級レベルの会話教材と訓練方法に巡り合わなかった事もあるかと思います。

　本書は、そういった方々を対象としており、訓練方法と会話学習の考え方を紹介しています。

【本書が目指すもの】

　通訳訓練の方法を使って、中級レベルで必要とされる本当に活用できる会話表現をしっかり身につけるための訓練教材です。

【ヒヤリング能力向上のきめては？】

　ヒヤリング能力向上の最上の方法は、しっかり声を出して速読の練習を大量に行う事です。語速を速くする事で、読めるもの、言えるものは、同等の速さ以下の場合は聞き取れるようになります。

【本書を使って訓練したいのは──語速、語調、語感】

　本書を使って、語速(声を出して読んだり話したりする場合の速度)、語調、語感を訓練します。

語速（言葉の速度）の訓練

　言葉を速くスムーズに言う訓練です。具体的には1分間に250字の中国語の文章を読める速さが基準です。この語速がないと、中国語ネイティブの発音を余裕を

持って聴き、まねする事が困難です。これが出来ると、次の段階である語調の訓練にもスムーズに取り組めます。

語調の訓練

　言葉の緩急、口調に気をつけてネイティブスピーカー同様の言い方（発音）が出来るようにする訓練です。つまり言葉で表情、感情をしっかり表す訓練です。

　私の数年間の通訳訓練指導の経験から言いますと、語速（言葉の速さ）が基準に達すれば、発音を聴き分ける能力が芽生え、ネイティブスピーカーの語調をまねる技術的な条件が一応整うようです。言葉を発声する事と、聴き分け認識する事には密接な関わりがあります。

語感とは

　実際の会話の中で養われる言葉に対する感覚、理解で、言葉が相手に与える感じ、言葉が持っているニュアンス、響きです。外国語学習の場合はネイティブスピーカーの録音を聴いて、語速、語調の訓練を真剣にやり、同一の表現が異なる場面でどう使われるかに注意していく中で、徐々に養えます。これは、会話学習の1つの到達点でもあります。

　日本人が日本語で誰かと会話する場合、こういう事を伝えたい、こういうニュアンスで言いたいと思うと自然に言葉が口をついて出てきます。一瞬頭を使うのは、ニュアンスを伝えるための語句の選択や言いまわしですが、経験等によって処理が速くなりスムーズになるので、それもあまり意識しなくなります。会話中に頭の中に文字や発音記号が浮かぶような事はありません。その分の能力と時間は、用語選択、ニュアンスを伝えるための思考、そして相手の反応や口調、語調から情報を受取る事、内容を判断する事、次にどう言おうかと考える等の、いわゆるコミュニケーションに振り向けられます。

　では、中国語の場合はどうでしょうか。皆さんが中国語を読んだり話したりされる時、頭の中はどうなっているでしょうか。漢字、発音、声調が頭に浮かんでいませんか。日本語で話すように中国語を話すためには、ネイティブスピーカーの声を聴き、声を出して速読訓練を行い、語速を速くし、頭の中に漢字、発音、声調が浮かばなくなるまで訓練しなければなりません。つまり読んでいる事、話している事が、自明の事となり、自然な事となり、意識をコミュニケーションそのものに向けられる状態まで持って行く練習が必要なのです。語速の訓練は、本書を活用したり、CCTVニュース等を録音してアナウンサーの語速を基準として練習されるとよいと思います。

【なぜ短文会話を勉強するのか】

　本書では、生き生きとした語速、語調を習得するため、努めて簡単な言い方、基本的な言い方を大量に提示してあります。上述した語速、語調、語感を合理的に訓練するためには、基本的で簡単な、それも短文会話を練習する事が最も適切だから

です。
　本書を学習される皆さんは、既に発音を学び、初級段階でだれもが勉強するいわゆる日常会話（例えば、買い物をする、乗り物に乗る、映画を見る、道を尋ねる、旅行に行く、郵便を出す、約束をする、電話をかける、御見舞いに行く、知人を訪問する、ホテルでの会話、空港での会話、宴会での会話等）を学び、一定の単語知識、文法知識、文章講読の力を持っておられると思います。本書の内容をご覧になれば、既に自明のものとなっている会話表現がたくさんある事と思います。
　自分にとって自明のものが多ければ、新しい知識として取り扱う必要がありませんから、その分いかに自然に歯切れよく言うかに意識を集中出来ます。ニュアンスを聴き取り、まねる事もやりやすくなります。例えば「你好！ 谢谢！ 再见！」等の言葉は、そう思ったら、自然に口をついて出てくると思います。そういう部類の短文会話表現を増やしていく事が必要です。少なくとも500以上は「你好！ 谢谢！ 再见！」と同等に、そう思った瞬間に無意識に、中国語の自然な会話表現、言語習慣に則した言い方が、口をついて出てくるようにする必要があります。それだけの短文会話の基礎が出来れば、中国語だけで思考する事も徐々に出来るようになってきます。そのために、対象者の皆さんは、現段階では簡単な短文会話を大量に練習する事が極めて適切なわけです。

【会話上達の秘訣とは】

　学習者の方々から時々質問されます。「どうやったら会話がうまくなりますか？」、「どんな教材をどのように勉強したらいいですか？」　会話の勉強ですから、先ずはしっかり声を出す事が必要です。目標はネイティブスピーカーのニュースキャスターかアナウンサーにします。語速、語調は彼らに追いつく事を目標とします。後は段階を追って、自分の目標を明確にして訓練を行います。学習歴が長く、知識が豊富な方でも会話が必ずしもうまく出来るとは限りません。知っている単語の量が多く、文法、講読が強い方ほど、今まで会話訓練に充ててきた時間が少ないという現象が見られます。そういう方はぜひ本書を活用して、声を出して、たくさん訓練して下さい。

【会話の勉強はスポーツと同じ】

　会話の訓練は、自分の問題点を明確に把握して、実際に時間を使ってやる事が大切です。私は学習者の皆さんに、「会話の勉強はスポーツのようなものです。」、「スポーツのように楽しく練習しましょう。」とよく言います。スポーツは理論、知識も大切ですが、身体を使って訓練する事がより大切です。しっかりした理論、知識、訓練メソッドと目標があっても、練習して身体で覚えなければ何にもなりません。会話の勉強も同様に訓練が第一です。訓練しなければ知識で終わってしまい、スムーズな会話はなかなか出来ません。

皆さんは本書に提示された簡単な短文会話が、実際にスムーズに言えますか？一度聴いてリピートできますか？シャドウイング（同時に同じ事を言う事）が出来ますか？日本語を聴いて中国語を言えますか？語速、語調はネイティブに近いでしょうか？実際の会話で活用出来ますでしょうか？

　会話上達の秘訣は、自分に合った無理のない明確な目標設定、合理的な訓練メソッドで実際に時間を使って、必要な会話量を訓練する事です。本書は、その1つの解答でもあると思っています。

【本書の特徴】

　本書では、努めて日常の会話でよく使われる言い方や、使えそうな言い方を集めてあります。

　本書の特徴は以下の幾つかの点にあります。

① 　通訳訓練メソッドによる中級者向け会話訓練教材です。
② 　短文会話です。基本的にA、Bが1組の独立した場面を持つ短文会話となっています。
③ 　量が多い。800の会話で色々な話題を示してあります。
④ 　CDブックです。自然な語速、発音の中国語を聴いて学習出来ます。
⑤ 　日中対訳です。中国語にピンインを付け、辞書を引かなくてもよいようにしました。
⑥ 　活用力、表現力が向上します。初級、中級レベルの基本的な会話が本当に習得出来ます。

　本書はもともとは通訳訓練のために作られたもので、簡単な会話の同時通訳練習を行うための導入教材でした。「速読訓練（CCTV教材）」、「口訳1000題」、「通訳会話」、「通訳常用表現」、「挨拶のパターン」、「挨拶文」、「通訳単語表現」（現在は絶版状態で入手は不可能）という一連の通訳訓練教材の一部を構成するもので、テープ（CD）を流して同時通訳（日→中、中→日）の初歩的な訓練を行うための教材として使われていたものです。

　くりかえし授業で使用していくうちに、会話力養成、表現力養成に効果があることから、このほど独習用の中級向け会話練習教材として出版する事となりました。

　会話練習の基本的な考え方等も紹介してありますので是非本書を使って楽しく勉強し、会話力を高めてくださることを期待しております。

2004年3月　著者

目次

はじめに ……………………………………………… 3

訓練方法とポイントの解説 ………………………… 9

通訳訓練の教室での実際の使用例 ………………… 13

本文 ………………………………………………… 14

【コラム】
練習方法 ……………………………………………… 26
会話習得のポイント ………………………………… 38
練習方法のヒント …………………………………… 66
会話練習はスポーツ ………………………………… 92
ヒヤリング …………………………………………… 118
成語について ………………………………………… 132
暗記について ………………………………………… 144
性格 …………………………………………………… 158
態度 …………………………………………………… 168
文法について ………………………………………… 172
作品、著作 …………………………………………… 178
学習の量について …………………………………… 188
日常会話とは ………………………………………… 200
日本語を簡潔明瞭に ………………………………… 214
コミュニケーション ………………………………… 222

訓練方法とポイントの解説

　本書には、皆さんが既にマスターされている簡単な短文が大量に出てきます。力だめしをしながら楽しく練習してください。「熟能生巧」shú néng shēng qiǎo（習うより慣れよ）と言いますが、楽しく学ぶ事が第一です。

　この教材は、日常よく使われる会話を、リピートとシャドウイングで訓練し、日本語から中国語、中国語から日本語に通訳訓練をする事で、会話力向上をはかる練習教材です。

　重点はリピート訓練とシャドウイング訓練を大量にやる事です。逐次訳、同時訳練習は、成果を確認する事が主眼です。学習者のレベルによって、以下に紹介する方法のうち、自分のレベルに合わせて、幾つかを選択して勉強してください。この教材の基本的な練習方法と訓練時のポイントは、次のとおりです。

1．リピート練習を行う。

〈日本語→日本語のリピート〉（CD-1）

＊この練習は、A、B１組の会話を続けて聴いて、１組聴き終ったらCDのポーズ（一時停止）をかけ、同じ内容をリピートします。これを続けて10題を一区切りで練習します。

＊日本語のリピート練習は声を出す習慣をつけるためにも、一度はやってください。毎回やる必要はありません。目標はアナウンサーレベルです。満足がゆくリピートが出来た時点で終わりにしてかまいません。

〈中国語→中国語のリピート〉（CD-2）

＊この練習も、A、B１組の会話を続けて聴いて、１組聴き終ったらCDのポーズ（一時停止）をかけ、同じ内容をリピートします。これを続けて10題を１小ブロックとして練習していきます。

＊目標はアナウンサーレベルのネイティブな発音です。

＊普段気のおけない友人と会話している時のようなリラックスした精神状態でリピート練習をしましょう。それによって実際の場面でもリラックスして同じ事が言える可能性が高まります。緊張すると身体の筋肉がこわばり、脳の回転が損なわれ、スムーズに言えません。ですから楽な気持ちで楽しく練習出来るように気持ちを調整してください。これは大切なポイントです。聴いた会話をそのままの語速、語調で忠実に再現するよう努力します。

＊ひととおり出来るようになったら10題リピートしているところを一度録音してください。次の10題に進んでからも同様に録音して行きます。同じ部分は１回

だけ録音して、先に進みます。録音は「何月何日録音。」と最初に言ってから始めて下さい。この録音テープは1か月後とか、100題練習し終えてからとか、自分で決めて後で聞いてみましょう。独習の場合、これは自分の進歩と問題点を確認する有効な方法です。

2．シャドウイング練習を行う。

〈日本語→日本語のシャドウイング〉(CD-1)

＊この練習は、A、B1組の会話10組（小ブロック）を続けて聴きながら、同時に言う練習です。

＊日本語のシャドウイング（聴きながら同時に言う）練習は、語速アップのためにも必要です。日本語が速く言えると、中国語も速く言えるようになります。目標はアナウンサーレベルです。満足がゆくシャドウイングが出来た時点で終わりにしてかまいません。

＊小ブロックの練習成果を録音して次に進みます。

〈中国語→中国語のシャドウイング〉(CD-2)

＊この練習ではリラックスして、楽しい気持ちでやる事が大切です。そのほうがしっかり声が出ます。

＊10題を連続して練習します。ついて行けない部分や言えない部分があっても、途中で止めないで、連続して音を流して練習し、10題を連続して言えるようになる事を目指します。

＊技術的には、A、Bの1組の会話を意識し、A部分の会話が聴こえてきたら同時に言い始め、Bの部分を同時に言い終われるように練習します。そのためには日本語、中国語ともに一定の語速（スピード）が必要とされますが、簡単で基本的な短文会話ですので、皆さんのレベルなら充分出来ると思います。自分が活用出来るものは、簡単に出来ると思いますが、口が回らない部分はまだ活用出来るレベルに至っていない部分です。また実際の会話では使えていないものですので、楽に言えるようになることを目指して練習してください。

＊ある程度練習したら、完璧でなくても、その時点でのシャドウイングの様子を録音しておきます。10ブロック、100題までシャドウイング練習をやり、各録音が終わった時点で次の段階の通訳練習に進みます。

3．逐次訳で練習を行う。

〈中国語を聴いて→日本語を言う〉(CD-2)

＊この部分は楽しんでやって下さい。どこがスムーズに言えて、どこがスムーズに言えないかを確認できれば結構です。スムーズに訳せなかった個所は印をつけておきます。その個所が当面の重点です。

＊逐次訳ですが、A、B1組を続けて聴いてから、すぐポーズ（一時停止）をか

け、A、Bの会話を続けて訳します。このやり方で小ブロック（10組）、大ブロック（100組）そして全体（800組）をやりますが、1回の練習では3小ブロック（30組）を基準に練習されるといいと思います。

* ここでのポイントは直訳をしない事です。聞こえてきた内容を、普段の自分の自然な言い方で素直に日本語で言いましょう。内容、ニュアンスを受け取ったら、それを自分の言葉で表現します。このような意識の持ち方が練習した会話を自然に使うための重要なポイントです。自分はこういうふうに聴いた、理解した。だからその受け取ったニュアンスを日本語で、自分の普段の自然な言いまわしで言う、という作業が大切なのです。

　逆の場合も同じで、日本語を聴いて中国語を言う場合でも、基本的な短文会話をたくさんマスターしていけば、直訳したり、知識を使って作文してから訳さなくても、自分のマスターしている中国語の範囲で、つまり自分の普段の自然な（中国語の）言いまわしで言う事が出来ます。活用出来る中国語の範囲が不足の場合は、本書を使って練習しながら増やしていきましょう。ある一定の内容を相手に伝える場合、こういう内容、こういうニュアンスの事は、中国語では普通こう表現する、中国語の言語習慣ではこのように言う、という感覚が大切で、その普通の表現、言語習慣の幅を増やす事が、中上級レベルである皆さんの会話の練習です。そのためにも簡単で基本的な短文会話をしっかり覚える事が一番効果的であり、また不可欠です。

〈日本語を聴いて→中国語を言う〉（CD-1）

* 練習の要領は上述の〈中国語を聴いて→日本語を言う〉と全く同じです。1～2回練習してみて、確認が出来たら、どんどん次の小ブロックに進みましょう。
* ここでの練習は、確認作業が主です。現段階で、スムーズに口をついて出てくる会話と、言えない会話表現をしっかり確認し、認識して、印をつけて区別します。録音も必要ありません。主要な練習はリピートやシャドウイング訓練部分ですので間違わないようにしましょう。

4．同時訳練習を行う。

〈中国語→日本語へ同時訳練習をする。〉（CD-2）

* 上述の1、で練習した小ブロック（10題）を連続して練習する。
* 最初にこの練習をする時は、テキストの日本語訳部分を見ながら同時に言う練習を1～2回やります。中国語が聞こえてきてから言い始め、B部分は同時に言い終われるようにします。その後テキストを見ないで練習します。
* ここの練習も基本的には確認作業ですが、日本語の語速を鍛える訓練でもあります。小ブロックを連続で流して、どんどん日本語で言ってみましょう。
* しっかりマスターしている会話表現であれば、その分スムーズに言える可能性が高くなります。中国語が聞こえてきて、意味を成した時点ですぐ日本語を言い始

める練習です。日本語の切れ味、語速が速くないとついて行けません。1組の会話を同時訳する時、シャドウイングで練習したように、A部分は少し遅れて言い出しても、B部分は出来るだけ同時に言い終われるように練習します。
＊途中で音を止めない事。10題やったら、ポーズをかけて、毎回出来なかった部分を確認し、すぐ次の10題を練習します。もちろん大ブロックを連続してスムーズに言えるようになる事を目指してください。

〈日本語→中国語へ同時訳練習をする。〉（CD-1）
＊ここも最初はテキストを見て練習します。要領は中国語→日本語の同時訳練習と同じです。

　上記1～4のやり方で100題まで出来たら、100題を一区切りとして練習し、同様のやり方で800題練習します。
＊レベルによって練習方法1－4から適切なものを選んで練習しましょう。
＊中国に2～4年留学経験のある日本人学生の場合、1年サイクルのカリキュラム、1回2時間15分の授業の中で、4の同時通訳練習、中→日か日→中を15分位やっています。同時訳の導入、反応速度の向上がねらいですが、そのためにも常用される簡単な短文会話が大変適切です。

　以上の方法で練習を重ね、日本語を聴いたらスムーズに中国語が、中国語を聴いたらスムーズに日本語が口をついて出てくるまで練習します。

付属CDについて

　本書にはCDが2枚付属しています。本書に掲載されている800の短文会話を、CD-1には日本語で、CD-2には中国語で収録してあります。練習ごとに必要なCDを選んで使ってください。

　CDの1つのトラックには10の短文会話が収録されています。収録時間の関係で、番号はトラックの最初の会話のものしか読んでいません（本書にはすべての会話に番号が付いています）。

　本書のCDマーク（各トラックの最初の会話に付いています）の見方は右図を参照してください。

CDの番号　　トラックの番号

通訳訓練の教室での実際の使用例

〈中国語→中国語のシャドウイング〉
＊LL設備を使い、教室に中国語の会話を5分間連続して流し、シャドウイング練習（聴いた事を同時にリピートする練習）を行っています。
＊技術的には、A、Bの1組の会話を意識し、A部分の会話が聞こえてきたら同時に言い始め、Bの部分を同時に言い終われるように練習します。そのためには一定の語速が必要とされますが、学生は毎回授業の始めに1分間の速読訓練をやっており、1分間300字の中国語を声を出して読む速度がありますので、楽しく練習が出来ています。

〈中国語→日本語へ同時訳練習をする。〉
＊15分間中国語を連続して流し、同時訳の練習をやります。
　中国語が聞こえて来て、意味が取れた時点で、すぐ日本語を言い始め、同時に言い終わる練習です。日本語の切れ味、語速が速くないとついて行けません。1組の会話を同時訳する時、シャドウイングで練習したように、A部分は少し遅れて言い出しても、B部分は出来るだけ同時に言い終われるように練習します。
＊簡単な短文会話なので、中国語は瞬時に聞き取れます。問題は日本語がスムーズに出てくるかです。反応を速くする訓練です。

〈日本語→中国語へ同時訳練習をする。〉
＊教室では他の教材（通訳常用会話、挨拶原稿、CCTVニュース等）も勉強しますので、1回の授業でこの基礎訓練に使う時間は15分位です。中→日同時訳訓練か日→中同時訳訓練かのどちらか1つを15分間やります。
＊この練習は、教師、学生にとっての確認作業です。中国語短文会話の熟練度、発音、語速、語調の修練度、訳語、反応速度等の問題点について、自宅で練習してきた結果、教室でどのくらい出来るようになったかを確認します。テキストとテープ教材は渡してありますので、自宅で練習してから授業に臨みます。

1. A：彼女と会ったことある？

   B：どっかで会ったことあるみたい。

2. A：景気はどうですか？

   B：おかげさまで。

3. A：あなた、兄弟何番目？

   B：いちばん上です。

4. A：お知り合いになれて、とてもうれしいです。

   B：私もです。

5. A：今年46歳になりました。

   B：お若いですね。とてもそうは見えないですよ。

6. A：仕事、忙しい？

   B：変わりないです。

7. A：仕事うまくいってる？

   B：まあまあってとこです。

8. A：来週の日曜、もし晴れていたら遊びに来てください。

   B：どうも、ぜひ伺います。

1
A：Jiànguo tā ma?
　　见过 她 吗?
B：Hǎoxiàng zài nǎli jiànguo shì de.
　　好像 在 哪里 见过 似 的。

2
A：Mǎimài zěnmeyàng?
　　买卖 怎么样?
B：Tuō nín de fú.
　　托 您 的 福。

3
A：Nǐ lǎo jǐ?
　　你 老 几?
B：Wǒ lǎo dà.
　　我 老 大。

4
A：Nénggòu rènshi nǐ, wǒ hěn gāoxìng.
　　能够 认识 你，我 很 高兴。
B：Wǒ yě hěn gāoxìng.
　　我 也 很 高兴。

5
A：Wǒ jīnnián sì shi liù le.
　　我 今年 四 十 六 了。
B：Xiǎnde niánqīng, yì diǎnr yě kàn bu chū lái.
　　显得 年轻，一 点儿 也 看 不 出 来。

6
A：Gōngzuò máng ma?
　　工作 忙 吗?
B：Háishi lǎoyàngzi.
　　还是 老样子。

7
A：Gōngzuò shùnlì ma?
　　工作 顺利 吗?
B：Hái suàn bú cuò.
　　还 算 不 错。

8
A：Xiàxīngqītiān, yàoshi tiānqì hǎo, qǐng dào wǒ jiā lái wánr.
　　下星期天，要是 天气 好，请 到 我 家 来 玩儿。
B：Xièxie, wǒ yídìng qù.
　　谢谢，我 一定 去。

9　A：もっと召し上がって下さい。

　　B：はい、もう充分いただきました。

10　A：遅くなりました。おいとましなければ。

　　B：まだ早いですよ。もう少しいいじゃないですか。

11　A：これからはちょくちょく来て下さい。

　　B：ありがとう、そうします。

12　A：お邪魔しました。

　　B：いえ、おかまいもしませんで。

13　A：よく眠れた？

　　B：はい。

14　A：欲しい人にやるよ。

　　B：ください。

15　A：どっか涼しいとこに行こうよ。

　　B：ついて来てよ。

16　A：どのくらいくれる？

　　B：欲しいだけあげます。

9 A：Qǐng zài chī yìdiǎnr.
请 再 吃 一点儿。

B：Xièxie, wǒ yǐjing chī bǎo le.
谢谢，我 已经 吃 饱 了。

10 A：Shíjiān bù zǎo le, wǒ děi zǒu le.
时间 不 早 了，我 得 走 了。

B：Hái zǎo ne, nǐ zài duō zuò yìhuǐr ba.
还 早 呢，你 再 多 坐 一会儿 吧。

CD 2-2

11 A：Jīnhòu, cháng lái ba.
今后，常 来 吧。

B：Xièxie, yídìng.
谢谢，一定。

12 A：Dǎjiǎo le.
打搅 了。

B：Bù, zhāodài de bù hǎo.
不，招待 得 不 好。

13 A：Shuì de hǎo ma?
睡 得 好 吗？

B：Shuì de hěn hǎo.
睡 得 很 好。

14 A：Shéi yào jiù gěi shéi.
谁 要 就 给 谁。

B：Nà, gěi wǒ ba.
那，给 我 吧。

15 A：Wǒmen dào yí ge liángkuài de dìfang qù ba.
我们 到 一 个 凉快 的 地方 去 吧。

B：Nǐ gēnzhe wǒ lái ba.
你 跟着 我 来 吧。

16 A：Yào gěi wǒ duōshao?
要 给 我 多少？

B：Yào duōshao gěi duōshao.
要 多少 给 多少。

17 A：うちで何してるの？

B：テレビばっかり見てます。

18 A：寝る前に歯磨く？

B：ええ、朝も磨きます。

19 A：私はこの店の者じゃないんです。

B：すみません、間違えました。

20 A：あんた、知ってる？

B：ちょっと知ってるけどあんまり詳しくは知りません。

21 A：どうしたらいいのかなあ？

B：こうすればいいんじゃない。

22 A：打つ手はあるかなあ？

B：きっとあります。考えましょう。

23 A：望みはあるかな？

B：ないですね。

24 A：あんたが責任持つ？

B：ううん。

17 A：Zài jiāli zuò shénme?
    在 家里 做 什么？

    B：Jìng kàn diànshì.
    净 看 电视。

18 A：Lín shuì de shíhou shuāyá ma?
    临 睡 的 时候 刷牙 吗？

    B：Duì, zǎochen yě yào shuāyá.
    对，早晨 也 要 刷牙。

19 A：Wǒ bú shì zhè shāngdiàn de fúwùyuán.
    我 不 是 这 商店 的 服务员。

    B：Duìbuqǐ, wǒ rèncuò le.
    对不起，我 认错 了。

20 A：Nǐ zhīdao ma?
    你 知道 吗？

    B：Zhīdao yì xiē, kěshì bú dà xiángxì.
    知道 一 些，可是 不 大 详细。

21 A：Zěnme bàn hǎo ne?
    怎么 办 好 呢？

    B：Zhème bàn hǎo.
    这么 办 好。

22 A：Yǒu méiyǒu jiějué de bànfǎ?
    有 没有 解决 的 办法？

    B：Yídìng yǒu bànfǎ, zánmen zài xiǎngxiang ba.
    一定 有 办法，咱们 再 想想 吧。

23 A：Yǒu xīwàng ma?
    有 希望 吗？

    B：Méiyǒu xīwàng.
    没有 希望。

24 A：Nǐ fùzé ma?
    你 负责 吗？

    B：Wǒ bú fùzé.
    我 不 负责。

25 A：これとあれは同じ問題でしょう。

　　B：いいえ、あれは別問題です。

26 A：中国語会話、マスター出来るかなあ？

　　B：そりゃあなたの努力次第ですね。

27 A：今回の会議で、この問題出してもいいかなあ？

　　B：様子を見なきゃ。

28 A：うそつくなよ。

　　B：うそなんか言ってやしません。

29 A：その本売り切れらしいよ。

　　B：そんなはずないですよ。

30 A：こうじゃないって言うのかい？

　　B：だれが違うって言いました！

31 A：思い出した？

　　B：どうしても思い出せないんです。

32 A：今日は僕がおごるよ。

　　B：いいえ、私がおごります。

25
A：这个和那个是同一个问题吧。
Zhè ge hé nà ge shì tóng yí ge wèntí ba.

B：不，那是另一个问题。
Bù, nà shì lìng yí ge wèntí.

26
A：我能学好中文会话吗？
Wǒ néng xuéhǎo Zhōngwén huìhuà ma?

B：那要看你努力不努力。
Nà yào kàn nǐ nǔlì bu nǔlì.

27
A：在这次的会议上可不可以提出这个问题？
Zài zhè cì de huìyìshang kě bu kěyǐ tíchū zhè ge wèntí?

B：那得看情况了。
Nà děi kàn qíngkuàng le.

28
A：你别说谎！
Nǐ bié shuōhuǎng!

B：我不说谎。
Wǒ bù shuōhuǎng.

29
A：听说那本书都卖完了。
Tīngshuō nà běn shū dōu mài wán le.

B：未必吧。
Wèibì ba.

30
A：你说不是这样吗？
Nǐ shuō bú shì zhèyang ma?

B：谁说不是呢！
Shéi shuō bú shì ne!

31 (CD 2-4)
A：想起来了吗？
Xiǎng qi lái le ma?

B：怎么也想不起来。
Zěnme yě xiǎng bu qi lái.

32
A：今天我请客。
Jīntiān wǒ qǐngkè.

B：不，还是我请客吧。
Bù, háishi wǒ qǐngkè ba.

33 　A：だれを行かせればいいかなあ？

　　B：だれでもいいです。

34 　A：まだ何か召し上がりますか？

　　B：これで、もうけっこうです。

35 　A：どうぞこの料理を召し上がってみて下さい。

　　B：じゃあ、遠慮なく。

36 　A：お口に合いますか？

　　B：ええ、とてもおいしいです。

37 　A：さしみは私だめなんです。

　　B：かまいませんよ。好みは人それぞれですから。

38 　A：どうぞどんどん食べて下さい。

　　B：もうおなかいっぱいです。

39 　A：どんどん飲んで下さい。

　　B：もうけっこうです。

40 　A：酒飲みすぎちゃった。

　　B：気にしない気にしない。あなたはいくら飲んでも顔に出ないんだから。

33 A：让谁去好呢?
Ràng shéi qù hǎo ne?

B：谁都可以。
Shéi dōu kěyǐ.

34 A：您还要吃什么呢?
Nín hái yào chī shénme ne?

B：有这些就够了。
Yǒu zhè xiē jiù gòu le.

35 A：请尝尝这个菜吧。
Qǐng chángchang zhèi ge cài ba.

B：那么，我不客气了。
Nàme, wǒ bú kèqi le.

36 A：合你的口味吗?
Hé nǐ de kǒuwèi ma?

B：完全合我的口味。
Wánquán hé wǒ de kǒuwèi.

37 A：生鱼片，我吃不惯。
Shēngyúpiàn, wǒ chī bu guàn.

B：没关系。每个人各有各的嗜好。
Méi guānxi. Měi ge rén gè yǒu gè de shìhào.

38 A：请你多吃点儿!
Qǐng nǐ duō chī diǎnr!

B：我已经吃饱了。
Wǒ yǐjing chī bǎo le.

39 A：多喝点儿吧!
Duō hē diǎnr ba!

B：够了，够了。
Gòu le, gòu le.

40 A：酒，我喝多了。
Jiǔ, wǒ hē duō le.

B：没关系。你喝多少也不上脸嘛。
Méi guānxi. Nǐ hē duōshao yě bú shàngliǎn ma.

41 A：工芸品は何階だろう？

B：5階だよ。エレベーターに乗って行きましょう。

42 A：サンプルはありますか？

B：ないんです。

43 A：これは本物の七宝焼です。

B：ちょっと見せて下さい。

44 A：合いますか？

B：ピッタリです！

45 A：ものはいいんですか？

B：丈夫で長もちします。

46 A：操作は簡単ですか？

B：もちろんですよ。

47 A：どういうのがよろしいですか？

B：柄ものがいいです。

48 A：これ、使いやすいかなあ？

B：ええ、皆さんいいとおっしゃいます。

41
A：Gōngyìpǐn zài jǐ lóu?
工艺品 在 几 楼?
B：Zài wǔ lóu, zánmen zuò diàntī shàngqù ba.
在 五 楼，咱们 坐 电梯 上去 吧。

42
A：Yǒu yàngpǐn ma?
有 样品 吗?
B：Méiyǒu.
没有。

43
A：Zhè shì dìdào de jǐngtàilán.
这 是 地道 的 景泰蓝。
B：Ràng wǒ kàn yí xià.
让 我 看 一 下。

44
A：Héshì bu héshì?
合适 不 合适?
B：Hěn héshì.
很 合适。

45
A：Dōngxi hǎo ma?
东西 好 吗?
B：Hěn hǎo, yòu jiēshi yòu nàiyòng.
很 好，又 结实 又 耐用。

46
A：Róngyì cāozuò ma?
容易 操作 吗?
B：Nà hái yòng shuō.
那 还 用 说。

47
A：Nǐ yào shénmeyàng de?
你 要 什么样 的?
B：Dài huāwén de hǎo.
带 花纹 的 好。

48
A：Zhè ge dōngxi hǎoshǐ ma?
这 个 东西 好使 吗?
B：Hěn hǎoshǐ, dàjiā dōu hěn xǐhuan.
很 好使，大家 都 很 喜欢。

|49| A：特長は？

B：丈夫なんです。

|50| A：いつ行ったらいいですか？

B：早ければ早いほどいいです。

|51| A：量は足りますか？

B：足りないみたいです。

|52| A：どれがいいの？

B：これをください。

|53| A：いくついるの？

B：2つください。

|54| A：何時に開店ですか？

B：9時です。

■【練習方法】

　練習は中国語部分のリピートとシャドウイングに重点を置きましょう。ある程度まで練習が進んだら、検証してみましょう。検証の仕方は、日本語を聴いて中国語を言う事と、中国語を聴いて日本語を言う事です。うまく言えなかった所はしっかり身についていない所です。重点的にチェックして、再度リピートと ↗

49
A：Tèdiǎn shì shénme?
特点 是 什么?

B：Jiùshì jiēshi.
就是 结实。

50
A：Shénme shíhou qù hǎo ne?
什么 时候 去 好 呢?

B：Yuè zǎo yuè hǎo.
越 早 越 好。

CD 2-6 51
A：Fènliang gòu ma?
分量 够 吗?

B：Hǎoxiàng bú gòu.
好像 不 够。

52
A：Nǐ yào nǎ ge?
你 要 哪 个?

B：Gěi wǒ zhè ge.
给 我 这 个。

53
A：Nǐ yào jǐ ge?
你 要 几 个?

B：Gěi wǒ liǎng ge ba.
给 我 两 个 吧。

54
A：Jǐ diǎn kāimén?
几 点 开门?

B：Jiǔ diǎn kāimén.
九 点 开门。

シャドウイング練習をやりましょう。800題全部同時訳が言えるようになると、あなたの会話力は格段に上達しているでしょう。詳しい練習方法は最初の説明をご覧下さい。

55 A：何時までやっていますか？

B：夜11時までです。

56 A：物は多い？

B：何でもそろっています。

57 A：トイレはどこ？

B：下です。

58 A：外はまだ雨降ってますか？

B：まだ降ってます。

59 A：どの方が田中さんでしょうか？

B：彼が田中さんです。

60 A：ここはどこ？

B：ここは競馬場です。

61 A：あそこは何、公園？

B：あそこは公園じゃなくて畑です。

62 A：あなたが田中さんでしょうか？

B：いいえ、私は田中じゃありません。

55
A：Jǐ diǎn guānmén?
几 点 关门？

B：Yèli shí yī diǎn guānmén.
夜里 十 一点 关门。

56
A：Dōngxi duō ma?
东西 多 吗？

B：Shénme dōu yǒu, hěn qíquán.
什么 都 有，很 齐全。

57
A：Cèsuǒ zài nǎr?
厕所 在 哪儿？

B：Zài lóu xià.
在 楼 下。

58
A：Wàitou hái xiàzhe yǔ ma?
外头 还 下着 雨 吗？

B：Hái xiàzhe ne.
还 下着 呢。

59
A：Nǎ yí wèi shì Tiánzhōng xiānsheng?
哪 一 位 是 田中 先生？

B：Tā shì Tiánzhōng xiānsheng.
他 是 田中 先生。

60
A：Zhè shì shénme dìfang?
这 是 什么 地方？

B：Zhèli shì sàimǎchǎng.
这里 是 赛马场。

CD 2-7

61
A：Nàbian shì shénme dìfang, shì gōngyuán ma?
那边 是 什么 地方，是 公园 吗？

B：Nàbian bú shì gōngyuán, shì càiyuán.
那边 不 是 公园，是 菜园。

62
A：Nǐ shì Tiánzhōng xiānsheng ma?
你 是 田中 先生 吗？

B：Bù, wǒ bú shì Tiánzhōng.
不，我 不 是 田中。

63 A：これ、なあに？

B：それは消しゴムです。

64 A：あそこの建物は何？

B：あれは大学です、前は果樹園でした。

65 A：このテープレコーダーはだれの？

B：私のです。

66 A：このテープも君のかい？

B：いいえ、それは学校のです。

67 A：どっちの喫茶店が静かかなぁ？

B：あっちの喫茶店のほうが静かです。

68 A：以前ここはきれいじゃなかったなあ。

B：今でも大してきれいじゃないです。

69 A：どっち側の山が高いかなあ？

B：こっち側のほうが高いです。

70 A：あっちの山は低いかなあ？

B：あっちの山もそんなに低いわけじゃないです。

63.
A：Zhè shì shénme?
这 是 什么?

B：Nà shì xiàngpí.
那 是 橡皮。

64.
A：Nà bian de jiànzhùwù shì shénme?
那边 的 建筑物 是 什么?

B：Nà shì dàxué, cóngqián nà bian shì guǒyuán.
那 是 大学，从前 那边 是 果园。

65.
A：Zhè lùyīnjī shì shéi de?
这 录音机 是 谁 的?

B：Shì wǒ de.
是 我 的。

66.
A：Zhè lùyīndài yě shì nǐ de ma?
这 录音带 也 是 你 的 吗?

B：Bú shì, shì xuéxiào de.
不 是，是 学校 的。

67.
A：Nǎ ge cháguǎn qīngjìng?
哪 个 茶馆 清静?

B：Nà ge cháguǎn qīngjìng.
那 个 茶馆 清静。

68.
A：Cóngqián zhèli shì bù gānjìng de.
从前 这里 是 不 干净 的。

B：Xiànzài yě bú nàme gānjìng.
现在 也 不 那么 干净。

69.
A：Nǎbian de shān gāo ne?
哪边 的 山 高 呢?

B：Zhèbian de shān gāo.
这边 的 山 高。

70.
A：Nà bian de shān dī ma?
那边 的 山 低 吗?

B：Nàbian de shān yě bú suàn dī.
那边 的 山 也 不 算 低。

71　A：昨年の冬は寒かった？

　　B：いいえ、去年の冬はそう寒くはなかったです。

72　A：去年の夏は暑かった？

　　B：いいえ、去年の夏は暑いうちには入りません。

73　A：昨日は寒かったね。

　　B：ええ、昨日はほんとうに寒かったです。
　　　　でも今朝は少しあったかかったです。

74　A：もうすぐ集合の時間だよ。

　　B：ええ、急いで行きましょう。

75　A：そろいましたか？

　　B：まだ1人足りません。

76　A：だれが来てないんだい？

　　B：神谷さんが来てません。

77　A：ご苦労おかけしました。

　　B：とんでもないです。

78　A：ご心配をおかけしました。

　　B：どういたしまして。

71
A：Qùnián de dōngtiān lěng ma?
去年 的 冬天 冷 吗?
B：Bù, qùnián de dōngtiān bú suàn lěng.
不，去年 的 冬天 不 算 冷。

72
A：Qùnián de xiàtiān rè ma?
去年 的 夏天 热 吗?
B：Bù, qùnián de xiàtiān bú suàn rè.
不，去年 的 夏天 不 算 热。

73
A：Zuótiān hǎo lěng a!
昨天 好 冷 啊!
B：Shì de, zuótiān zhēn lěng, kěshì jīntiān zǎochén bǐjiào nuǎnhuo.
是 的，昨天 真 冷，可是 今天 早晨 比较 暖和。

74
A：Jíhé shíjiān kuàiyào dào le.
集合 时间 快要 到 了。
B：Duì, kuàidiǎnr zǒu ba.
对，快点儿 走 吧。

75
A：Qí le ma?
齐 了 吗?
B：Hái méi qí, quē yí gè.
还 没 齐，缺 一 个。

76
A：Shì shéi hái méi lái?
是 谁 还 没 来?
B：Shì Shéngǔ tóngxué hái méi lái.
是 神谷 同学 还 没 来。

77
A：Jiào nín shòu lèi le!
叫 您 受 累 了!
B：Nǐ tài kèqi le!
你 太 客气 了!

78
A：Jiào nín fèixīn le!
叫 您 费心 了!
B：Nǎr de huà.
哪儿 的 话。

79　A：ざぶとんをどうぞ。

　　B：私はけっこうです、どうぞお使い下さい。

80　A：ご飯できた？

　　B：もうすぐです。

81　A：お湯沸いた？

　　B：すぐ沸きます。

82　A：時間になった？

　　B：とっくになりました。

83　A：君、疲れた？

　　B：少しも疲れてません。

84　A：彼女、自転車乗れるようになった？

　　B：少し乗れるようになりました。

85　A：あんた、ここへ来たことある？

　　B：前に一度来たことがあります。

86　A：そこ、君、行ったことある？

　　B：一度も行ったことないんです。

79 A：Qǐng zuò diànzi.
请 坐 垫子。

B：Wǒ bú zuò, nín zuò ba.
我 不 坐，您 坐 吧。

80 A：Fàn zuò hǎo le ma?
饭 做 好 了 吗?

B：Kuài le.
快 了。

CD 2-9

81 A：Shuǐ kāi le ma?
水 开 了 吗?

B：Yìhuǐr jiù kāi.
一会儿 就 开。

82 A：Shíjiān dào le ma?
时间 到 了 吗?

B：Zǎoyǐ dào le.
早已 到 了。

83 A：Nǐ lèi bu lèi?
你 累 不 累?

B：Wǒ yìdiǎnr yě bú lèi.
我 一点儿 也 不 累。

84 A：Tā huì qí zìxíngchē le ma?
她 会 骑 自行车 了 吗?

B：Xiànzài huì yìdiǎnr le.
现在 会 一点儿 了。

85 A：Zhè ge dìfang, nǐ lái guo méiyǒu?
这 个 地方，你 来 过 没有?

B：Cóngqián wǒ lái guo yí cì.
从前 我 来 过 一 次。

86 A：Nǐ qù guo nà ge dìfang ma?
你 去 过 那 个 地方 吗?

B：Yí cì yě méi qù guo.
一 次 也 没 去 过。

87　A：どうしたの？

　　B：今地震があったんです。

88　A：彼の中国語はどうだい？

　　B：大したことないみたいです。

89　A：君何で魚食べないの？

　　B：私魚嫌いなんです。

90　A：彼どうして話さないのかなあ？

　　B：話し好きじゃないんです。

91　A：こういうふうに言って、通じますか？

　　B：通じません。

92　A：以前ここは家が多かったの？

　　B：そんなに多くなかったです。

93　A：北京の春と秋は気候がいいねえ。

　　B：ええ、でも夏と冬もそんなに悪くはないです。

94　A：この2本の鉛筆どっちが短いと思う？

　　B：こっちのほうが少し短いですね。

87 A：Zěnme le?
 　　怎么　了？

　 B：Gāngcái yǒu dìzhèn le.
 　　刚才　有　地震　了。

88 A：Tā de Zhōngguóhuà, shuō de zěnmeyàng?
 　　他　的　中国话，　说　得　怎么样？

　 B：Wǒ kàn bù zěnmeyàng.
 　　我　看　不　怎么样。

89 A：Nǐ zěnme bù chī yú?
 　　你　怎么　不　吃　鱼？

　 B：Wǒ bú ài chī yú.
 　　我　不　爱　吃　鱼。

90 A：Tā zěnme bù shuōhuà ne?
 　　他　怎么　不　说话　呢？

　 B：Tā bú ài shuōhuà ne.
 　　他　不　爱　说话　呢。

91 A：Zhèyang shuō, tōng bu tōng?
 　　这样　说，通　不　通？

　 B：Bù tōng.
 　　不　通。

92 A：Cóngqián zhèli fángzi duō ma?
 　　从前　这里　房子　多　吗？

　 B：Cóngqián zhèli fángzi bú tài duō.
 　　从前　这里　房子　不　太　多。

93 A：Běijīng chūntiān hé qiūtiān de qìhòu dōu hěn hǎo.
 　　北京　春天　和　秋天　的　气候　都　很　好。

　 B：Duì, xiàtiān hé dōngtiān de qìhòu yě búcuò.
 　　对，夏天　和　冬天　的　气候　也　不错。

94 A：Zhè liǎng zhī qiānbǐ, nǎ yí gè duǎn ne?
 　　这　两　枝　铅笔，哪　一　个　短　呢？

　 B：Zhè yì zhī duǎn yì xiē.
 　　这　一　枝　短　一　些。

95　A：机の上のかきとくりはだれの？

　　B：田代さんのです。

96　A：机の上のりんごとバナナはだれの？

　　B：栗原さんのです。

97　A：13引く6はいくつ？

　　B：13引く6は7です。

98　A：竹かごの中に卵いくつある？

　　B：11個あります。

99　A：あの山には木が何本あるかな？

　　B：1本もないです。

100　A：君らどこに寝泊まりしているの？

　　B：私達は学校の寮に寝泊まりしています。

■【会話習得のポイント】

外国語会話の学習では、
1、言いたいこと
2、必要なこと
この順番で学習することが大切です。 自分の言いたいこと、自分が必要とすることの順番で覚えていきましょう。↗

95 A：Zhuōzi shang de shìzi hé lìzi shì shéi de?
桌子上 的 柿子 和 栗子 是 谁 的?

B：Shì Tiándài de.
是 田代 的。

96 A：Zhuōzi shang de píngguǒ hé xiāngjiāo shì shéi de?
桌子上 的 苹果 和 香蕉 是 谁 的?

B：Shì Lìyuán de.
是 栗原 的。

97 A：Shí sān hé liù de chā shì duōshao?
十三 和 六 的 差 是 多少?

B：Shí sān hé liù de chā shì qī.
十三 和 六 的 差 是 七。

98 A：Kuāngzili yǒu jǐ ge jīdàn?
筐子里 有 几 个 鸡蛋?

B：Kuāngzili yǒu shí yī ge jīdàn.
筐子里 有 十一 个 鸡蛋。

99 A：Nà shān shang yǒu duōshao kē shù?
那 山 上 有 多少 棵 树?

B：Yì kē shù yě méiyǒu.
一 棵 树 也 没有。

100 A：Nǐmen zhù zài nǎr?
你们 住 在 哪儿?

B：Wǒmen zhù zài xuéxiào de sùshè li.
我们 住 在 学校 的 宿舍 里。

また、自由に会話ができるようになるためには、
1．基本的な短文をしっかり覚える。
2．いろいろな短文を大量に練習する。
　短文がしっかり言えないと長文はうまく言えません。短文をたくさん覚えると自然に長文を言える条件が整います。他の方法では遠回りになります。短文を充分に習得しないうちに、長い複雑な言いまわしを覚えようとすると、知識が先行して、表現力を豊かにすることが難しくなってしまいます。

101 A：君らの寮じゃぁ、1部屋に何人寝てるの？

B：おおかたの部屋では3人ですが、4人部屋もあります。

102 A：久しぶりですね！

B：ええ、1か月ぶりですね

103 A：所用があるので、もうおいとましなければいけません。

B：そんなに急がなくてもいいじゃないですか。
お茶でも一杯飲んでって下さい！

104 A：張君達が相談があるからと言って待っているものですから。

B：それでは彼らに時間があったら遊びに来てと伝えて下さい。

105 A：何年中国語を勉強しましたか？

B：1年と9か月です。

106 A：中国語を始めた動機は何ですか？

B：現代中国に興味があったので中国語を始めました。

107 A：中国語は難しいですか？

B：始めたばかりのころは簡単だと思いましたが、今は逆にとても難しく感じています。

2-11

101
A：Nǐmen de sùshè yí ge fángjiān zhù jǐ ge rén?
你们 的 宿舍 一 个 房间 住 几 个 人？

B：Dàbùfen de fángjiān zhù sān ge rén, yě yǒu zhù sì ge rén de fángjiān.
大部分 的 房间 住 三 个 人，也 有 住 四 个 人 的 房间。

102
A：Hǎojiǔ méi jiànmian le!
好久 没 见面 了！

B：Shì a, yí ge duō yuè le.
是 啊，一 个 多 月 了。

103
A：Wǒ yǒu xiē shì yào bàn, mǎshang jiù děi zǒu.
我 有 些 事 要 办，马上 就 得 走。

B：Zhème kuài jiù yào zǒu le, hē bēi chá zài zǒu ba!
这么 快 就 要 走 了，喝 杯 茶 再 走 吧！

104
A：Xiǎo Zhāng tāmen hái děng zhe wǒ shāngliang yì xie shìr ne.
小 张 他们 还 等 着 我 商量 一 些 事儿 呢。

B：Nà, nǐ gàosu tāmen ba, yǒu shíjiān dào wǒjiā lái wánr.
那，你 告诉 他们 吧，有 时间 到 我家 来 玩儿。

105
A：Nǐ xué Zhōngguóhuà xué le jǐ nián?
你 学 中国话 学 了 几 年？

B：Xué le yì nián jiǔ ge yuè.
学 了 一 年 九 个 月。

106
A：Nǐ kāishǐ xuéxí Zhōngguóhuà de dòngjī shì shénme?
你 开始 学习 中国话 的 动机 是 什么？

B：Wǒ duì xiàndài Zhōngguó gǎnxìngqù, suǒyǐ jiù xuéqǐ Zhōngguóhuà lái le.
我 对 现代 中国 感兴趣，所以 就 学起 中国话 来 了。

107
A：Zhōngguóhuà nán bu nán?
中国话 难 不 难？

B：Yì kāishǐ wǒ juéde hěn jiǎndān, kěshì xiànzài què juéde hěn nán le.
一 开始 我 觉得 很 简单，可是 现在 却 觉得 很 难 了。

108 A：どうしていつも会話をやらなきゃ、って言うの？

B：会話が苦手で、簡単な日常会話もちゃんと出来ないからです。

109 A：講読と文法も大切でしょ！

B：講読と文法はまあまあ自信あるから、まず会話の基礎をしっかりやってから勉強しても遅くはないと思ってるんです。

110 A：この前は新しい単語をたくさん勉強したね。

B：ええ。セクハラとかプライバシーとかですね。

CD 1-12

111 A：あなたお子さん何人ですか？

B：6人です。

112 A：彼、子供何人ですか？

B：まだ結婚してません。

113 A：君らの学校には中国人の先生何人いる？

B：中国人の先生は彼女1人です。

114 A：雨やんだね。

B：もうすぐお日様も出てきますね。

|108| A：Nǐ wèi shénme zǒngshì shuō yào liànxí huìhuà ne?
你 为 什么 总是 说 要 练习 会话 呢？

B：Yīnwèi huìhuà wǒ xué dé bù hǎo, lián jiǎndān de rìchánghuìhuà
因为 会话 我 学 得 不 好，连 简单 的 日常会话

dōu shuō de bu hǎo.
都 说 得 不 好。

|109| A：Jiǎngdú hé yǔfǎ yě hěn zhòngyào a!
讲读 和 语法 也 很 重要 啊！

B：Kěshì jiǎngdú hé yǔfǎ wǒ bǐjiào yǒu xìnxīn,
可是 讲读 和 语法 我 比较 有 信心，

suǒyǐ xiān dǎ hǎo huìhuà jīchǔ yǐhòu zài xuéxí yě bù wǎn.
所以 先 打 好 会话 基础 以后 再 学习 也 不 晚。

|110| A：Shàngcì xué le hǎo jǐ ge xīn de dāncí a.
上次 学 了 好 几 个 新 的 单词 啊。

B：Duì, xìngsāorǎo、yǐnsīquán děng.
对，性搔扰、隐私权 等。

CD 2-12 |111| A：Nǐ yǒu jǐ ge háizi?
你 有 几 个 孩子？

B：Wǒ yǒu liù ge háizi.
我 有 六 个 孩子。

|112| A：Tā yǒu jǐ ge háizi ne?
他 有 几 个 孩子 呢？

B：Tā hái méi jiéhūn.
他 还 没 结婚。

|113| A：Nǐmen xuéxiào yǒu jǐ ge Zhōngguórén lǎoshī?
你们 学校 有 几 个 中国人 老师？

B：Zhōngguórén lǎoshī zhǐyǒu tā yí ge.
中国人 老师 只有 她 一 个。

|114| A：Yǔ tíng le.
雨 停 了。

B：Yíhuìr tàiyáng jiù huì chū lai.
一会儿 太阳 就 会 出 来。

115　A：彼は、車運転出来る？

　　　B：彼も出来ます。

116　A：じゃあ、どこで会おうか？

　　　B：明日の朝8時に駅で待ってます。

117　A：これ中国のお茶？

　　　B：ええ。中国のお茶は世界でも有名です。

118　A：君毎朝歩いて駅まで行くのかい？

　　　B：いいえ、自転車で行きます。

119　A：このごろ学校は忙しいかい？

　　　B：このところ試験で大変です。

120　A：あの子、絵うまいかい？

　　　B：とってもうまいです。

121　A：この本どう？

　　　B：これあんまりよくないですね。

122　A：あの花、どう？

　　　B：大したことないですよ。

115　A：Tā huì kāi qìchē ma?
　　　　他 会 开 汽车 吗?

　　　B：Tā yě huì kāi.
　　　　他 也 会 开。

116　A：Wǒmen zài nǎr jiànmiàn ne?
　　　　我们 在 哪儿 见面 呢?

　　　B：Míngtiān shàngwǔ bā diǎn zài chēzhàn děng nǐ.
　　　　明天 上午 八 点 在 车站 等 你。

117　A：Zhè shì Zhōngguó de chá ma?
　　　　这 是 中国 的 茶 吗?

　　　B：Duì. Zhōngguó de chá zài shìjièshang yě hěn yǒumíng.
　　　　对。中国 的 茶 在 世界上 也 很 有名。

118　A：Nǐ měitiān zǎochén zǒuzhe dào chēzhàn qù ma?
　　　　你 每天 早晨 走着 到 车站 去 吗?

　　　B：Bù, qí zìxíngchē qù.
　　　　不，骑 自行车 去。

119　A：Jìnlái xuéxiào máng ma?
　　　　近来 学校 忙 吗?

　　　B：Jìnlái yīn kǎoshì hěn máng.
　　　　近来 因 考试 很 忙。

120　A：Nà háizi huàr huà de zěnmeyàng?
　　　　那 孩子 画儿 画 得 怎么样?

　　　B：Huà de hěn hǎo.
　　　　画 得 很 好。

121　A：Zhè běn shū zěnmeyàng?
　　　　这 本 书 怎么样?

　　　B：Zhè běn shū bú tài hǎo.
　　　　这 本 书 不 太 好。

122　A：Nà ge huār, nǐ kàn zěnmeyàng?
　　　　那 个 花儿，你 看 怎么样?

　　　B：Bù zěnmeyàng.
　　　　不 怎么样。

|123| A：彼またあんなこと言いだしたよ。

B：仏の顔も三度ですよ。

|124| A：彼、今日はあくびばっかりしてるね。

B：多分睡眠不足なんでしょう。

|125| A：サインしてください。

B：はい。

|126| A：僕が案内しましょう。

B：お願いします。

|127| A：病人は薬を飲まなきゃ。

B：わかりました。

|128| A：今日は随分冷えるね。

B：厚着したほうがいいですね。

|129| A：今朝君何時に起きた？

B：5時に起きました。

|130| A：いつ日本に来たんですか？

B：今年の春に来ました。

123
A：Tā yòu shuō chū nàyang de huà lái le.
他 又 说 出 那样 的 话 来 了。

B：Rěnnài yě yǒu xiàndù de.
忍耐 也 有 限度 的。

124
A：Tā jīntiān jìng dǎ hēqiàn.
他 今天 净 打 呵欠。

B：Kěnéng shì shuìmián bú gòu ba.
可能 是 睡眠 不 够 吧。

125
A：Qǐng qiānzì ba.
请 签字 吧。

B：Hǎo de.
好 的。

126
A：Wǒ lái yǐnlù.
我 来 引路。

B：Máfan nǐ.
麻烦 你。

127
A：Bìngrén yīnggāi chīyào.
病人 应该 吃药。

B：Zhīdao le.
知道 了。

128
A：Jīntiān fēicháng lěng.
今天 非常 冷。

B：Lěngtiān yīng duō chuān diǎnr yīfu.
冷天 应 多 穿 点儿 衣服。

129
A：Jīntiān zǎochén nǐ jǐ diǎn qǐlái de?
今天 早晨 你 几 点 起来 的?

B：Wǔ diǎn jiù qǐlái le.
五 点 就 起来 了。

130
A：Nǐ shì shénme shíhou dào Rìběn lái de?
你 是 什么 时候 到 日本 来 的?

B：Wǒ shì jīnnián chūntiān dào Rìběn lái de.
我 是 今年 春天 到 日本 来 的。

131	A：この桜はいつ咲いたの？
	B：昨日咲いたんです。

132	A：妹さん、もう家に帰っちゃった？
	B：まだです。

133	A：昨日の晩8時まで待ったんだよ。
	B：ほんとにすみません。

134	A：あの本ないねえ。
	B：あの本はもう図書館に返しました。

135	A：昨日彼を訪ねて行ったでしょう。
	B：ええ、長いこと顔を出してなかったものですから。

136	A：この電車、東京へ行く？
	B：行きません。

137	A：このところ、どこからも手紙が来ないんだ。
	B：じゃ、私があなたに手紙を書きましょう。

138	A：天気はいいけど、外へは出たくないなあ。
	B：天気がいい日に部屋の中でボケッとしている人はいませんよ。外へ出て体を動かしましょう。

131 A：Zhè yīnghuā shì shénme shíhour kāi de?
这 樱花 是 什么 时候儿 开 的?

B：Zuótiān jiù kāi le.
昨天 就 开 了。

132 A：Nǐ mèimei yǐjing huíjiā qù le ma?
你 妹妹 已经 回家 去 了 吗?

B：Hái méiyǒu.
还 没有。

133 A：Zuótiān wǎnshang děng nǐ dào bā diǎn duō zhōng ne!
昨天 晚上 等 你 到 八 点 多 钟 呢!

B：Zhēn duìbuqǐ!
真 对不起!

134 A：Nà běn shū bú jiàn le.
那 本 书 不 见 了。

B：Nà běn shū yǐjing huán gěi túshūguǎn le.
那 本 书 已经 还 给 图书馆 了。

135 A：Zuótiān nǐ zhǎo tā qù le ba.
昨天 你 找 他 去 了 吧。

B：Duì. Wǒ hěnjiǔ méiyǒu dào tā jiā qù le.
对。我 很久 没有 到 他 家 去 了。

136 A：Zhè diànchē dào Dōngjīng ma?
这 电车 到 东京 吗?

B：Bú dào Dōngjīng.
不 到 东京。

137 A：Jìnlái dōu méiyǒu rén gěi wǒ lái xìn.
近来 都 没有 人 给 我 来 信。

B：Nà, wǒ gěi nǐ xiě yì fēng xìn ba.
那，我 给 你 写 一 封 信 吧。

138 A：Suīrán tiānqì hǎo, kěshì wǒ bù xiǎng dào wàibiān qù ne.
虽然 天气 好，可是 我 不 想 到 外边 去 呢。

B：Tiānqì hǎo de rìzi shéi yě bú zài fángjiānli dāizhe ne.
天气 好 的 日子 谁 也 不 在 房间里 呆着 呢。

Dào wàibian qù huódòng huódòng ba.
到 外边 去 活动 活动 吧。

139　A：この本、1週間貸して下さい。

　　B：1週間だけでしたらお貸しします。

140　A：あなたにも行ってほしいんですが。

　　B：できるだけ行くようにします。

141　A：みんな喜んだでしょう？

　　B：跳び上がらんばかりでした。

142　A：むだ話ばっかりしていないでちゃんと仕事しなよ。

　　B：わかりました。

143　A：あんた、早く来てたの？

　　B：来たばかりです。

144　A：果物は何がある？

　　B：果物はすいかにいちごなんかがあります。

145　A：今は僕みたいな者の出る幕じゃないね。

　　B：どうぞそんなことおっしゃらずに。

146　A：今度の仕事難しい？

　　B：今度のはこの前みたいに簡単じゃなさそうです。

139	A：	Qǐng bǎ zhè běn shū jiè gěi wǒ yí ge xīngqī. 请 把 这 本 书 借 给 我 一 个 星期。
	B：	Ruò zhǐ xiàn yí ge xīngqī de huà, jiù jiè gěi nǐ ba. 若 只 限 一 个 星期 的 话，就 借 给 你 吧。

140	A：	Xīwàng nǐ yě qù. 希望 你 也 去。
	B：	Wǒ jǐn kěnéng qù ba. 我 尽 可能 去 吧。

141	A：	Dàjiā dōu gāoxìng le ba. 大家 都 高兴 了 吧。
	B：	Dōu gāoxìng de jīhū yào tiào qǐlái le. 都 高兴 得 几乎 要 跳 起来 了。

142	A：	Bié jìng liáotiānr, jǐnzhe gànhuór ba. 别 净 聊天儿，紧着 干活 吧。
	B：	Zhīdao le. 知道 了。

143	A：	Nǐ zǎo lái le ma? 你 早 来 了 吗?
	B：	Gānggāng lái de. 刚刚 来 的。

144	A：	Shuǐguǒ yǒu shénme? 水果 有 什么?
	B：	Shuǐguǒ yǒu xīguā、 cǎoméi děng. 水果 有 西瓜、草莓 等。

145	A：	Xiànzài bú shì wǒ zhèyang de rén chūchǎng de shíhou. 现在 不 是 我 这样 的 人 出场 的 时候。
	B：	Qǐng bú yào zhèyang shuō. 请 不 要 这样 说。

146	A：	Zhè cì de gōngzuò nán bu nán? 这 次 的 工作 难 不 难?
	B：	Zhè yí cì de gōngzuò, kàn lái búxiàng shàngcì nàme róngyì le. 这 一 次 的 工作，看 来 不象 上次 那么 容易 了。

147　A：どう、買ったかい？

　　B：種類も多くてみんなきれいなんで、どれがいいかわかりません。

148　A：君そんなにいつも家にこもってないで、たまには外へ出て散歩でもしたら？

　　B：それもいいですね。

149　A：彼は小学生みたいだし、この仕事はちゃんとやれないね。

　　B：ええ、これは小学生に出来る仕事じゃないです。

150　A：試験の結果はいつ発表されるんだっけ？

　　B：あさってのはずですけど。

151　A：彼どんな人？

　　B：みんな頑固な人だって言ってます。

152　A：昨日の晩はよく眠れましたか？

　　B：ゆうべは子供に夜どおし泣かれて、少しも眠れなかったんです。

147
A：Zěnmeyàng, mǎi le ma?
怎么样，买了吗？

B：Zhǒnglèi yòu duō, yòu dōu piàoliang, jīhū bù zhīdào xuǎn nǎ yí ge cái hǎo ne.
种类又多，又都漂亮，几乎不知道选哪一个才好呢。

148
A：Nǐ bié lǎo zài jiālǐ dāizhe, yǒu shíhour yě chūqù sànsànbù, zěnmeyàng?
你别老在家里呆着，有时候儿也出去散散步，怎么样？

B：Nà yě hǎo.
那也好。

149
A：Tā hǎoxiàng ge xiǎoxuéshēng, yídìng bù néng zuò hǎo zhè ge gōngzuò.
他好象个小学生，一定不能做好这个工作。

B：Duì. Zhè búshì xiǎoxuéshēng lìsuǒ néngjí de gōngzuò ya.
对。这不是小学生力所能及的工作呀。

150
A：Kǎoshì de jiéguǒ shénme shíhou fābiǎo?
考试的结果什么时候发表？

B：Yùdìng hòutian fābiǎo.
预定后天发表。

CD 2-16

151
A：Tā shì zěnyàng de rén?
他是怎样的人？

B：Dàjiā shuō tā hěn wángù.
大家说他很顽固。

152
A：Zuótiān wǎnshang nǐ shuì de hǎo ma?
昨天晚上你睡得好吗？

B：Zuótiān wǎnshang bèi xiǎoháizi kū le yì xiǔ, yìdiǎnr yě shuì bu zháo.
昨天晚上被小孩子哭了一宿，一点儿也睡不着。

|153| A：この果物まだ食べられる？

B：もう食べられません。

|154| A：書き終わった？

B：半日かかって1枚しか書けませんでした。

|155| A：中国語の新聞もう読めるようになったかい？

B：まだだめです。

|156| A：ぜひ一度日本にいらして下さい。

B：いつかそういう機会もあると思います。

|157| A：彼、少し物が食えるようになったよ。

B：よかったですね。物が食べられればもう大丈夫です。

|158| A：今日せっかく行ったのにだれにも会えなくて残念だった。

B：また次の機会に行って下さい。

|159| A：ここ数日忙しくて夜もよく眠れない。
病気になっちゃいそうだよ。

B：そんなに無理しちゃだめです。

|160| A：外国へ出す小包は何キロまでですか？

B：3キロ以内なら普通で出せます。

153. A: Zhè shuǐguǒ hái chī de?
     这 水果 还 吃 得?
   B: Yǐjing chī bu de le.
     已经 吃 不 得 了。

154. A: Xiě hǎo le ma?
     写 好 了 吗?
   B: Fèi le bàntiān zhǐ xiě le yì zhāng.
     费 了 半天 只 写 了 一 张。

155. A: Nǐ xiànzài néng kàndǒng zhōngwén bàozhǐ le ma?
     你 现在 能 看懂 中文 报纸 了 吗?
   B: Xiànzài hái bù néng.
     现在 还 不 能。

156. A: Qǐng nǐ wùbì dào Rìběn lái yí tàng.
     请 你 务必 到 日本 来 一 趟。
   B: Wǒ xiǎng zǒng huì yǒu jīhuì qù de.
     我 想 总 会 有 机会 去 的。

157. A: Tā xiànzài néng chī yì xiē dōngxi le.
     他 现在 能 吃 一 些 东西 了。
   B: Tài hǎo le. Zhǐyào néng chī dōngxi, jiù bú yào dānxīn le.
     太 好 了。只要 能 吃 东西,就 不 要 担心 了。

158. A: Jīntiān wǒ tèyì qù le, kěshì shéi yě méi jiàndào, tài yíhàn le.
     今天 我 特意 去 了,可是 谁 也 没 见到,太 遗憾 了。
   B: Gǎitiān zài qù ba.
     改天 再 去 吧。

159. A: Zhè jǐ tiān máng de wǎnshang yě bù néng hǎohāor shuì, kuàiyào shēngbìng le.
     这 几 天 忙 得 晚上 也 不 能 好好儿 睡,快要 生病 了。
   B: Nǐ kě bié miǎnqiǎng gàn ya.
     你 可 别 勉强 干 呀。

160. A: Wǎng wàiguó jì de yóubāo xiànliàng shì duōshao gōngjīn?
     往 外国 寄 的 邮包 限量 是 多少 公斤?
   B: Sān gōngjīn yǐnèi kěyǐ yòng pǔtōng yóubāo jì.
     三 公斤 以内 可以 用 普通 邮包 寄。

161 A：あの場面を思い出すたびに笑ってしまうよ。

B：私もです。

162 A：明日きっと来られるのかい？

B：明日はほかに約束ないから、多分来られるでしょう。

163 A：もう起き上がれるようになったのかい？

B：ええ、半年近くも寝たきりで、本当にせつなかったです。

164 A：あの時は、本当におもしろくて痛快だった！

B：全くです！あの時の様子を思い出すと笑いだしてしまうんです。

165 A：彼にチップやらなくていいかい？

B：あげなくてかまいません。

166 A：ネオンがほんとにきれいだ。

B：これが世界的に有名な100万ドルの夜景です。

167 A：6時に起こして下さい。

B：はい。

168 A：君いつ時間ある？

B：いつでもいいですよ。

161
A：Měicì xiǎngqǐ nà yí ge chǎngmiàn dōu jìnbuzhù yào xiào qǐlái.
每次 想起 那 一 个 场面 都 禁不住 要 笑 起来。
B：Wǒ yě gēn nǐ yíyàng.
我 也 跟 你 一样。

162
A：Míngtiān nǐ yídìng néng lái ma?
明天 你 一定 能 来 吗?
B：Míngtiān méiyǒu bié de yuēhuì, dàgài néng lái ba.
明天 没有 别 的 约会，大概 能 来 吧。

163
A：Yǐjing kěyǐ qǐlái le ma?
已经 可以 起来 了 吗?
B：Duì. Chàbuduō yǒu bàn nián bù néng qǐlái, tòngkǔ jí le.
对。 差不多 有 半 年 不 能 起来，痛苦 极 了。

164
A：Nà shíhou, zhēn yǒu yìsi, tòngkuai jí le!
那 时候，真 有 意思，痛快 极 了!
B：Jiùshì a! Měicì xiǎngqǐ nà shíhou de qíngjǐng jiù huì xiào qǐlái ne.
就是 啊! 每次 想起 那 时候 的 情景 就 会 笑 起来 呢。

165
A：Yào bu yào gěi tā xiǎofèi?
要 不 要 给 他 小费?
B：Nà bú yào.
那 不 要。

166
A：Níhóngdēng zhēn piàoliang!
霓虹灯 真 漂亮!
B：Zhè jiùshì shìjiè wénmíng de bǎiwàn měiyuán de yèjǐng.
这 就是 世界 闻名 的 百万 美元 的 夜景。

167
A：Dào le liù diǎn, qǐng bǎ wǒ jiàoxǐng!
到 了 六 点，请 把 我 叫醒!
B：Hǎo de.
好 的。

168
A：Nǐ shénme shíhou yǒu shíjiān?
你 什么 时候 有 时间?
B：Jǐshí dōu kěyǐ.
几时 都 可以。

169　A：今日は僕都合が悪いな。

　　　B：じゃあ、また日を改めて話しましょう。

170　A：タクシーに乗る？

　　　B：歩いて行きましょう。

171　A：一人で行ける？

　　　B：大丈夫です。

172　A：ちょっとお伺いしますが、水道橋の駅はどこでしょうか？

　　　B：あそこです、歩いて5分です。

173　A：案内していただけますか。

　　　B：いいですよ。

174　A：お供してよろしいですか?

　　　B：もちろんですとも。

175　A：彼女は？

　　　B：今子供に食事をさせているところです。

176　A：学生にたくさん勉強させてみたら。

　　　B：いっぺんにたくさんやらせても、必ずしも効果があるわけじゃありません。

169
A：Jīntiān wǒ bù fāngbiàn.
今天 我 不 方便。
B：Nà, gǎitiān zài tán ba.
那，改天 再 谈 吧。

170
A：Zuò chūzūchē ma?
坐 出租车 吗?
B：Zǒu zhe qù ba.
走 着 去 吧。

171
A：Yí ge rén néng qù ma?
一 个 人 能 去 吗?
B：Méi wèntí.
没 问题。

172
A：Qǐng wèn, Shuǐdàoqiáo chēzhàn zài nǎr?
请 问，水道桥 车站 在 哪儿?
B：Zài nàbianr, zǒu wǔ fēnzhōng jiù dào.
在 那边儿，走 五 分钟 就 到。

173
A：Qǐng gěi wǒ dài yíxiàr lù, hǎo ma?
请 给 我 带 一下儿 路，好 吗?
B：Hǎo de.
好 的。

174
A：Péi nǐ qù kěyǐ ma?
陪 你 去 可以 吗?
B：Dāngrán kěyǐ.
当然 可以。

175
A：Tā ne?
她 呢?
B：Tā zài gěi xiǎoháizi wèifàn ne.
她 在 给 小孩子 喂饭 呢。

176
A：Ràng xuésheng duō xué yìdiǎnr ba.
让 学生 多 学 一点儿 吧。
B：Yíxiàzi ràng xuésheng xué tài duō, xiàolǜ bú jiàn de yídìng huì hǎo.
一下子 让 学生 学 太 多，效率 不 见 得 一定 会 好。

177 A：この仕事だれにやらせたらいいかなあ？

B：神谷さんにやらせたらきっと喜びます。

178 A：どうしたんだい？

B：あなたの経験を聞いて考えさせられたんです。

179 A：君一人で行ったっていいじゃないか。

B：一人じゃつまんないですよ。

180 A：一回りしてこよう。

B：いいですね。

181 A：この公園すごくいいんだ。一見に値するよ。

B：じゃ入ってみましょう。

182 A：なんてにぎやかなんだろう！

B：全く人の洪水ですね。

183 A：とっても眺めがいいな。

B：写真を撮りましょう。

184 A：疲れたでしょ。

B：いいえ少しも。とっても愉快な1日でした。

177
A：Zhège gōngzuò ràng shéi zuò hǎo ne?
这个 工作 让 谁 做 好 呢?

B：Yàoshi ràng Shéngǔ zuò zhè ge gōngzuò, tā yídìng gāoxìng.
要是 让 神谷 做 这 个 工作, 她 一定 高兴。

178
A：Nǐ zěnme le?
你 怎么 了?

B：Tīng le nǐ de jīngyàn, shǐ wǒ yǒusuǒ shēnsī ne.
听 了 你 的 经验, 使 我 有所 深思 呢。

179
A：Nǐ yí ge rén qù yě kěyǐ ma.
你 一 个 人 去 也 可以 嘛。

B：Yí ge rén qù jiù tài wúliáo le.
一 个 人 去 就 太 无聊 了。

180
A：Zánmen zǒu yìquānr ba.
咱们 走 一圈儿 吧。

B：Yě hǎo.
也 好。

181
A：Zhè ge gōngyuán hěn hǎo, zhíde yí kàn.
这 个 公园 很 好, 值得 一 看。

B：Nà zánmen jìnqù kànkan ba.
那 咱们 进去 看看 吧。

182
A：Duōme rènao a!
多么 热闹 啊!

B：Zhēnshi rénshān rénhǎi.
真是 人山 人海。

183
A：Jǐngsè zhēn hǎo!
景色 真 好!

B：Zhào ge xiàng ba.
照 个 相 吧。

184
A：Nǐ lèi le ba.
你 累 了 吧。

B：Yìdiǎnr yě bù, zhēnshi yúkuài de yìtiān a.
一点儿 也 不, 真是 愉快 的 一天 啊。

185 A：よく映画見ますか？

B：以前はよく見たものですが。

186 A：まだ席ある？

B：ありません。立って見ましょう。

187 A：おれってほんとにだめだなあ。彼女相手にしてくれなくなった。

B：彼女にあんなこと言うからそりゃ当然です。後悔しても遅いですよ。

188 A：どこで乗り換えるの？

B：乗り換えなくていいんです。

189 A：終電は何時？

B：12時5分です。

190 A：あしたぜったい遅れないでね。

B：時間どおりに来ます。

191 A：この映画は何日までやってるの？

B：明日までです。

192 A：毎日あそこへ行くのかい？

B：いいえ、1日おきです。

185　A：Nǐ cháng kàn diànyǐngr ma?
你　常　看　电影儿　吗？

　　B：Yǐqián cháng kàn.
以前　常　看。

186　A：Háiyǒu zuòwèi ma?
还有　座位　吗？

　　B：Méiyǒu, zhànzhe kàn ba.
没有，站着　看　吧。

187　A：Wǒ zhè ge rén zhēn yàobude, tā bù lǐ wǒ le.
我　这　个　人　真　要不得，她　不　理　我　了。

　　B：Nǐ duì tā shuō le nàyang de huà, zhè shì lǐsuǒdāngrán lou.
你　对　她　说　了　那样　的　话，这　是　理所当然　喽。

　　　Hòuhuǐ yě láibují ya!
后悔　也　来不及　呀！

188　A：Zài nǎr huànchē?
在　哪儿　换车？

　　B：Búyòng huànchē.
不用　换车。

189　A：Mòbānchē jǐ diǎnzhōng kāi?
末班车　几　点钟　开？

　　B：Shí èr diǎn líng wǔ fēn.
十　二　点　零　五　分。

190　A：Míngtiān nǐ kě bié chídào a.
明天　你　可　别　迟到　啊。

　　B：Wǒ yídìng zhǔnshí dào.
我　一定　准时　到。

191　A：Zhè ge diànyǐng shàngyǎn dào jǐ hào?
这　个　电影　上演　到　几　号？

　　B：Dào míngtiān wéizhǐ.
到　明天　为止。

192　A：Nǐ měitiān qù nàr ma?
你　每天　去　那儿　吗？

　　B：Bù, gé tiān qù.
不，隔　天　去。

193 A：何日から休み？

B：27日からです。

194 A：何日休みを取るの？

B：2日です。

195 A：1つ頼みがあるんだけど。

B：どうぞ、どうぞ、何でしょうか。

196 A：お手間を取らせまして、どうも。

B：いいえ。

197 A：話があるんだけど。

B：何かあるならどうぞ言ってください。

198 A：これを彼女に渡していただきたいんですが。

B：いいですよ。

199 A：このことは、ほかの人に言わないで、知らないことにしといて下さい。

B：ご安心下さい、言いませんから。

200 A：忘れないで下さいね！

B：忘れるもんですか。

193 A：Cóng jǐ hào kāishǐ fàngjià?
从 几 号 开始 放假？

B：Cóng èr shi qī hào kāishǐ fàngjià.
从 二 十 七 号 开始 放假。

194 A：Qǐng jǐ tiān jià?
请 几 天 假？

B：Qǐng liǎng tiān jià.
请 两 天 假。

195 A：Bàituō nǐ yí jiàn shì, xíng ma?
拜托 你 一 件 事，行 吗？

B：Búyào kèqi, nǐ shuō ba.
不要 客气，你 说 吧。

196 A：Dānwu le nǐ de shíjiān.
耽误 了 你 的 时间。

B：Méi guānxi.
没 关系。

197 A：Wǒ yǒu huà yào duì nǐ shuō.
我 有 话 要 对 你 说。

B：Yǒu shénme shì jǐnguǎn shuō ba!
有 什么 事 尽管 说 吧！

198 A：Qǐng bǎ zhè ge jiāo gěi tā ba.
请 把 这 个 交 给 她 吧。

B：Hǎo de.
好 的。

199 A：Zhège shìqing, bú yào gēn rénjiā shuō, nǐ jiù dāngzuò bù zhīdào hǎo le.
这个 事情，不 要 跟 人家 说，你 就 当做 不 知道 好 了。

B：Nǐ fàngxīn ba, wǒ bù shuō.
你 放心 吧，我 不 说。

200 A：Bié wàng le!
别 忘 了！

B：Wàng bu liǎo.
忘 不 了。

CD 1-21

201 A：やきもちやくなよ。

B：私にかまわないでよ。

202 A：自分の都合ばかり考えないでね。

B：どう言ったってむだです。

203 A：君見たくないの？

B：見たいとも思わないです。

204 A：しっかり養生してください。

B：ありがとう。

205 A：どうぞお大事に。

B：ありがとう。

206 A：たばこ切れちゃった。

B：これを吸って下さい。

■【練習方法のヒント】

　自分なりの練習をやるのも楽しいと思います。例えば、自分の「言いたいこと」をこの800の中から選んでまずそれだけをしっかり練習する。次に自分が必要だと思う会話表現を選んで、それを練習する。こんなやり方も理にかなって ↗

201
A：Búyào chīcù ma.
　　不要 吃醋 嘛。
B：Bié guǎn wǒ.
　　别 管 我。

202
A：Búyào zhǐ gù zìjǐ fāngbiàn.
　　不要 只 顾 自己 方便。
B：Nǐ shuō shénme yě báidā.
　　你 说 什么 也 白搭。

203
A：Nǐ bù xiǎng kàn ma?
　　你 不 想 看 吗?
B：Yì diǎnr dōu bù xiǎng kàn.
　　一 点儿 都 不 想 看。

204
A：Hǎohāor bǎoyǎng ba.
　　好好儿 保养 吧。
B：Xièxie.
　　谢谢。

205
A：Qǐng duō bǎozhòng.
　　请 多 保重。
B：Xièxie.
　　谢谢。

206
A：Yān wán le.
　　烟 完 了。
B：Chōu zhè ge ba.
　　抽 这 个 吧。

いると思います。なぜなら、自分の言いたいことは、使える可能性が大きいですし、必要だと思うことは役に立つ可能性が大きいからです。

207 A:これ役に立つ？

B:役に立ちます。

208 A:これ、だれがくれたの？

B:もらったんじゃないんです、自分で買ったんです。

209 A:課長はいらっしゃいますか？

B:課長は会議室です。電話してみてください。

210 A:君のお父さん、なんで来ないの？

B:ほかの用事があったので、私が代わりに来ました。

211 A:どうしたんだい？

B:ひよこがわしにさらわれたんです。

212 A:君このこと知ってる？

B:これについては、吉田さんが知ってます。

213 A:あなた何考えてるんですか？

B:別に何も。

214 A:このリュックサックもう使いませんか？

B:ええ、あげます。

207　A：Zhè ge dōngxi yǒuyòng ma?
　　　　这 个 东 西 有用 吗？

　　　B：Yǒuyòng.
　　　　有用。

208　A：Zhè shì shéi gěi nǐ de?
　　　　这 是 谁 给 你 的？

　　　B：Zhè bú shì rénjiā gěi wǒ de, shì zìjǐ mǎi de.
　　　　这 不 是 人家 给 我 的，是 自己 买 的。

209　A：Kēzhǎng zài ma?
　　　　科长 在 吗？

　　　B：Kēzhǎng zài huìyìshì. Qǐng nǐ wǎng nàbian dǎ diànhuà ba.
　　　　科长 在 会议室。请 你 往 那边 打 电话 吧。

210　A：Nǐ fùqin zěnme méi lái?
　　　　你 父亲 怎么 没 来？

　　　B：Yīnwèi tā yǒu bié de shìr, wǒ tì tā lái le.
　　　　因为 他 有 别 的 事儿，我 替 他 来 了。

211　A：Zěnme le?
　　　　怎么 了？

　　　B：Xiǎojīr bèi jiù zhuā zǒu le.
　　　　小鸡儿 被 鹫 抓 走 了。

212　A：Nǐ zhīdao zhè jiàn shìr ma?
　　　　你 知道 这 件 事儿 吗？

　　　B：Guānyú zhè jiàn shìqing, Jítián xiānsheng zhīdao.
　　　　关于 这 件 事情，吉田 先生 知道。

213　A：Nǐ zài xiǎng shénme ya?
　　　　你 在 想 什么 呀？

　　　B：Méi xiǎng shénme.
　　　　没 想 什么。

214　A：Zhè bēibāo yǐjing bú yòng le ma?
　　　　这 背包 已经 不 用 了 吗？

　　　B：Bú yòng le, gěi nǐ ba.
　　　　不 用 了，给 你 吧。

215 A：彼大体いつごろ帰りますか？

B：多分夕方でしょう。

216 A：この道は人通りが少ないから、角まで送りましょう。

B：どうぞ、おかまいなく。

217 A：ぜひ一度いらして下さい。

B：きっと伺います。

218 A：あなたも時には映画をご覧になりますか？

B：ええ、大体全部見てます。

219 A：あなた、いつごろ出張しますか？

B：来週の月曜に行くことになってます。

220 A：君は何に出場するの？

B：400メートルリレーです。

221 A：先生見掛けた？

B：先生今忙しいから、邪魔しないようにしましょう。

222 A：このバッジは買ったの？

B：いいえ、友達がくれたんです。

215　A：Tā dàgài shénme shíhou huílái?
　　　他 大概 什么 时候 回来?

　　B：Dàgài bàngwǎn huílái.
　　　大概 傍晚 回来。

216　A：Zhè duàn lù xíngrén hěn shǎo, wǒ sòng nín dào guǎijiǎo nàr ba.
　　　这 段 路 行人 很 少，我 送 您 到 拐角 那儿 吧。

　　B：Búyòng sòng, búyòng sòng.
　　　不用 送，不用 送。

217　A：Qǐng nǐ yídìng lái yítàng.
　　　请 你 一定 来 一趟。

　　B：Wǒ yídìng qù.
　　　我 一定 去。

218　A：Nǐ yǒu shíhou yě kànkan diànyǐng ma?
　　　你 有 时候 也 看看 电影 吗?

　　B：Shì de. Chàbuduō suǒyǒu de piānzi wǒ dōu kàn.
　　　是 的。差不多 所有 的 片子 我 都 看。

219　A：Nǐ shénme shíhou chūchāi qù?
　　　你 什么 时候 出差 去?

　　B：Yùdìng xiàxīngqī yī qù.
　　　预定 下星期 一 去。

220　A：Nǐ cānjiā nǎ yí ge xiàngmù?
　　　你 参加 哪 一 个 项目?

　　B：Sì bǎi mǐ jiēlìsài.
　　　四 百 米 接力赛。

221　A：Nǐ kànjiàn lǎoshī méiyǒu?
　　　你 看见 老师 没有?

　　B：Lǎoshī xiànzài hěn máng, búyào qù dǎjiǎo.
　　　老师 现在 很 忙，不要 去 打搅。

222　A：Zhège huīzhāng shì mǎi de ma?
　　　这个 徽章 是 买 的 吗?

　　B：Bù, shì péngyǒu gěi wǒ de.
　　　不，是 朋友 给 我 的。

223 A：この花瓶はだれが持って来たの？

B：去年の卒業生がくれたんです。

224 A：昨日は私鉄のストだったけど、学校は休みだった？

B：いいえ、学校は休みじゃありませんでした。

225 A：坊やがいちばん好きなのはだれ？

B：いちばん好きなのはママ。

226 A：ゆうべの映画は面白かったかい？

B：いいえ、面白くなかったです。

227 A：彼が欠席しようとは思いもしなかった。

B：ほんとですね。

228 A：君、甘いもの好き？

B：いいえ、甘いものは好きじゃないんです。

229 A：君のブーツ、はき心地はどうだい？

B：このブーツはあったかいけど、ちょっと重いんです。

230 A：あの赤レンガの建物は何ですか？

B：博物館です。

223
A: Zhè ge huāpíng shì shéi ná lái de?
这 个 花瓶 是 谁 拿 来 的?

B: Shì qùnián de bìyèshēng sòng de.
是 去年 的 毕业生 送 的。

224
A: Zuótiān yǒu sītiě bàgōng, xuéxiào xiūjià le ma?
昨天 有 私铁 罢工,学校 休假 了 吗?

B: Bù, xuéxiào méi xiū jià.
不, 学校 没 休 假。

225
A: Xiǎopéngyou zuì xǐhuān de rén shì shéi ya?
小朋友 最喜欢 的 人 是 谁 呀?

B: Zuì xǐhuan de rén shì māma.
最 喜欢 的 人 是 妈妈。

226
A: Zuótiān wǎnshang de diànyǐng yǒu yìsi ma?
昨天 晚上 的 电影 有 意思 吗?

B: Bù, zuótiān wǎnshang de diànyǐng zhēn méiyǒu yìsi.
不, 昨天 晚上 的 电影 真 没有 意思。

227
A: Zhēn méi xiǎngdào tā huì quē xí.
真 没 想到 他 会 缺 席。

B: Jiùshì a.
就是 啊。

228
A: Nǐ xǐhuan tián de dōngxi ma?
你 喜欢 甜 的 东西 吗?

B: Bù, bù xǐhuan tián de dōngxi.
不, 不 喜欢 甜 的 东西。

229
A: Nǐ zhè shuāng chángxuē chuānzhe zěnmeyàng?
你 这 双 长靴 穿着 怎么样?

B: Zhè shuāng chángxuē hěn nuǎn, kěshì yǒu diǎnr zhòng.
这 双 长靴 很 暖,可是 有 点 重。

230
A: Nà zuò hóngzhuān de jiànzhùwù shì shénme?
那 座 红砖 的 建筑物 是 什么?

B: Shì bówùguǎn.
是 博物馆。

|231| A：この赤い帽子はだれんだい？

B：妹のです。妹は赤が好きなんです。

|232| A：代数と幾何の試験問題はどっちが難しかった？

B：どっちもそんなに難しくなかったです。

|233| A：27引く14はいくつだい？

B：13です。

|234| A：この便せん、何枚あるんだろう？

B：100枚です。

|235| A：去年の今ごろ、あなたどこにいた？

B：東京です。

|236| A：あなたのとこ、庭ある？

B：アパートの3階だから、ないんです。

|237| A：君んちの近所には、アパートいっぱいある？

B：そんなに多くないです。一戸建ての家のほうが多いです。

|238| A：あなたのお父さんはどちらにいらっしゃるの？

B：田舎にいるんです。

CD 2-24

231
A：那顶红帽子是谁的呀？
Nà dǐng hóng màozi shì shéi de ya?

B：那是我妹妹的，我妹妹很喜欢红色。
Nà shì wǒ mèimei de, wǒ mèimei hěn xǐhuan hóngsè.

232
A：代数和几何的考题哪一个难呢？
Dàishù hé jǐhé de kǎotí nǎ yí ge nán ne?

B：哪个都不太难。
Nǎ ge dōu bú tài nán.

233
A：二十七和十四的差是多少？
Èr shi qī hé shí sì de chā shì duōshao?

B：二十七和十四的差是十三。
Èr shi qī hé shí sì de chā shì shí sān.

234
A：这本信笺的纸有多少张？
Zhè běn xìnjiān de zhǐ yǒu duōshao zhāng?

B：有一百张。
Yǒu yì bǎi zhāng.

235
A：去年的这个时候你在哪儿？
Qùnián de zhè ge shíhou nǐ zài nǎr?

B：在东京。
Zài Dōngjīng.

236
A：你家里有院子没有？
Nǐ jiāli yǒu yuànzi méiyǒu?

B：我家在公寓的三楼，没有院子。
Wǒ jiā zài gōngyù de sān lóu, méiyǒu yuànzi.

237
A：你家附近公寓多吗？
Nǐ jiā fùjìn gōngyù duō ma?

B：不太多，一般的房子比公寓多。
Bú tài duō, yìbān de fángzi bǐ gōngyù duō.

238
A：你父亲住在哪里？
Nǐ fùqin zhùzài nǎli?

B：我父亲住在乡下。
Wǒ fùqin zhùzài xiāngxia.

239 A：お母さんも田舎ですか？

B：いいえ、母は私と一緒にいます。

240 A：この仕事、どのくらいかかりますか？

B：1週間ぐらいです。

241 A：あなた、いくら持ってる？

B：50元ぐらいかな。あなたは？

242 A：私も50元ぐらい。

B：じゃ、合わせて100元ですね。

243 A：あなた方中国人の主食は何ですか？

B：北部では主に麦で、南部では主に米ですね。

244 A：映画は好きですか？

B：大好きです。1週間に1回は見ます。

245 A：君たちの学校は1年に何回試験があるの？

B：年2回です。

246 A：この卵、500gだと幾つぐらいになるかな？

B：4個か5個ぐらいです。

239　A：Nǐ mǔqin yě zhùzài xiāngxia ma?
　　　　你 母亲 也 住在 乡下 吗？
　　　B：Bù, mǔqin hé wǒ zhùzài yìqǐ.
　　　　不，母亲 和 我 住在 一起。

240　A：Zhè ge gōngzuò yào fèi duōshao tiān?
　　　　这 个 工作 要 费 多少 天？
　　　B：Dàyuē yào yí ge xīngqī.
　　　　大约 要 一 个 星期。

241　A：Nǐ yǒu duōshao qián?
　　　　你 有 多少 钱？
　　　B：Dàyuē yǒu wǔ shi kuài qián zuǒyòu. Nǐ yǒu duōshao?
　　　　大约 有 五 十 块 钱 左右。你 有 多少？

242　A：Wǒ yě yǒu wǔ shi kuàiqián zuǒyòu.
　　　　我 也 有 五 十 块钱 左右。
　　　B：Nàme, còu qǐlái yígòng jiù yǒu yìbǎi kuàiqián zuǒyòu le.
　　　　那么，凑 起来 一共 就 有 一百 块钱 左右 了。

243　A：Nǐmen Zhōngguórén de zhǔshí shì shénme?
　　　　你们 中国人 的 主食 是 什么？
　　　B：Wǒguó de běifāngrén zhǔyào chī xiǎomài, nánfāngrén
　　　　我国 的 北方人 主要 吃 小麦，南方人
　　　　zhǔyào chī dàmǐ.
　　　　主要 吃 大米。

244　A：Nǐ xǐhuan kàn diànyǐng ma?
　　　　你 喜欢 看 电影 吗？
　　　B：Hěn xǐhuan kàn, měi xīngqī yídìng kàn yícì.
　　　　很 喜欢 看，每 星期 一定 看 一次。

245　A：Nǐmen xuéxiào yì nián jǔxíng jǐ cì kǎoshì?
　　　　你们 学校 一 年 举行 几 次 考试？
　　　B：Yì nián jǔxíng liǎng cì kǎoshì.
　　　　一 年 举行 两 次 考试。

246　A：Zhè jīdàn yì jīn néng chēng jǐ ge?
　　　　这 鸡蛋 一 斤 能 称 几 个？
　　　B：Sì、wǔ ge.
　　　　四、五 个。

247 A：この問題の答えはこれでいいんですか？

B：違います。

248 A：毎日新聞読む？

B：毎日読んでます。

249 A：雑誌も読む？

B：よく読むけど毎日っていうわけじゃないです。

250 A：授業中は、全部中国語ですか？

B：教室ではもちろん、それ以外でもなるべく中国語で話すようにしています。

251 A：今度のコンパ、何で出られないの？

B：どうしても大阪に行かなくちゃいけないんです。

252 A：あの人の考え方、どう？

B：あなたとはだいぶ違うようです。

253 A：あんたの本、どれ？

B：その黒い表紙のです。

254 A：何回中国に行った？

B：今までに、桃の花が咲くころに3回行きました。

247 A：这个问题的解答，这样可以吗？
Zhè ge wèntí de jiědá, zhèyàng kěyǐ ma?

B：不行。
Bù xíng.

248 A：你每天看报纸吗？
Nǐ měitiān kàn bàozhǐ ma?

B：每天一定看。
Měitiān yídìng kàn.

249 A：也看杂志吗？
Yě kàn zázhì ma?

B：杂志也常看，但不是每天看。
Zázhì yě chángkàn, dàn bú shì měitiān kàn.

250 A：上课的时候，都用中国话吗？
Shàngkè de shíhou, dōu yòng Zhōngguóhuà ma?

B：我们无论在教室或其他场合都尽量用中国话。
Wǒmen wúlùn zài jiàoshì huò qítā chǎnghé dōu jìnliàng yòng Zhōngguóhuà.

251 A：这次的联欢会，你为什么不能参加呢？
Zhè cì de liánhuānhuì, nǐ wèi shénme bù néng cānjiā ne?

B：当天我非去大阪不可。
Dāngtiān wǒ fēi qù Dàbǎn bùkě.

252 A：他那个人的看法怎么样？
Tā nà ge rén de kànfǎ zěnmeyàng?

B：他的看法和你的很不一样。
Tā de kànfǎ hé nǐ de hěn bù yíyàng.

253 A：哪本书是你的？
Nǎ běn shū shì nǐ de?

B：那本黑封皮的书是我的。
Nà běn hēi fēngpí de shū shì wǒ de.

254 A：你到中国去了几次？
Nǐ dào Zhōngguó qù le jǐ cì?

B：到现在为止，我在桃花开的时候去过中国三次。
Dào xiànzài wéizhǐ, wǒ zài táohuā kāi de shíhou qùguo Zhōngguó sān cì.

255 A：中国語は、読むのと話すのとどっちが簡単？

B：読むほうが易しいでしょう。

256 A：こうやったら解決出来るんじゃないかなぁ？

B：そんなに簡単に解決出来やしません！

257 A：あなた自転車乗れる？

B：乗れません。

258 A：富士山に登ったことありますか？

B：登ったことありません。

259 A：彼の出席率はどんなですか？

B：だいぶ悪いです。時々来ないんです。

260 A：君、英語出来る？

B：いいえ、簡単な文章を読めるくらいで全然話せないんです。

261 A：このたばこはどこのだろう？

B：中国の上海のです。

262 A：君のこのYシャツいいね！

B：このシャツ少し高いけど、物はなかなかいいんです。

255　A：Zhōngguóhuà kàn hé shuō nǎ ge róngyì?
　　　中国话 看 和 说 哪 个 容易?

　　B：Zhōngguóhuà kàn bǐ shuō róngyì ba.
　　　中国话 看 比 说 容易 吧。

256　A：Zhèyang zuò jiù kěyǐ jiějué wèntí ba.
　　　这样 做 就 可以 解决 问题 吧。

　　B：Wèntí bú shì nàme jiǎndān jiù néng jiějué de ya!
　　　问题 不 是 那么 简单 就 能 解决 的 呀!

257　A：Nǐ huì qí zìxíngchē ma?
　　　你 会 骑 自行车 吗?

　　B：Wǒ bú huì.
　　　我 不 会。

258　A：Nǐ céngjīng dēngguo Fùshìshān ma?
　　　你 曾经 登过 富士山 吗?

　　B：Wǒ cónglái méi dēngguo.
　　　我 从来 没 登过。

259　A：Tā de chūxílǜ zěnmeyàng?
　　　他 的 出席率 怎么样?

　　B：Bú tài hǎo. Tā wǎngwǎng bù lái shàng kè.
　　　不 太 好。他 往往 不 来 上 课。

260　A：Nǐ huì shuō yīngyǔ ma?
　　　你 会 说 英语 吗?

　　B：Bù, wǒ zhǐ néng kàn jiǎndān de wénzhāng, yìdiǎnr yě
　　　不，我 只 能 看 简单 的 文章， 一点儿 也
　　　bú huì shuō.
　　　不 会 说。

261　A：Zhè xiāngyān shì nǎlǐ de?
　　　这 香烟 是 哪里 的?

　　B：Shì Zhōngguó Shànghǎi zhìzào de.
　　　是 中国 上海 制造 的。

262　A：Nǐ zhè chènshān hěn hǎo ma!
　　　你 这 衬衫 很 好 嘛!

　　B：Zhè chènshān jiàqián guì yìdiǎnr, kěshì zhìliàng
　　　这 衬衫 价钱 贵 一点儿，可是 质量
　　　xiāngdāng hǎo.
　　　相当 好。

263 A：この家いいねえ！

B：大して大きくはないけど、便利です。

264 A：このソックスいいね。

B：見た目はいいんですが、丈夫じゃないんです。

265 A：あの人よく出来ますか？

B：努力しない割りには、成績は悪いわけじゃないです。

266 A：昨日サッカーの試合見に行ったでしょう。

B：ええ、行きました。雨は降るし傘はないし、ひどい目に遭いました。

267 A：来月やっぱり旅行に行くんですか？

B：お金もないし時間もないんで、旅行はやめました。

268 A：あの人よく勉強してますか？

B：頑張ってる割りに成績はよくないんです。

269 A：君この問題知ってるんだろ？

B：もちろんです。でも、これについては私は一応知らないことになっているんです。

270 A：張君と呉君は何の話をしてるんだろう？

B：読書の方法について話してるようです。

263　A：Nǐ zhè suǒ fángzi hěn hǎo.
　　　你 这 所 房子 很 好。

　　B：Zhè suǒ fángzi bù hěn dà, kěshì hěn fāngbiàn.
　　　这 所 房子 不 很 大，可是 很 方便。

264　A：Zhè shuāng wàzi hěn hǎo kàn.
　　　这 双 袜子 很 好 看。

　　B：Zhè shuāng wàzi hǎo kàn, kěshì bù jiēshi.
　　　这 双 袜子 好 看，可是 不 结实。

265　A：Tā xué de zěnmeyàng?
　　　他 学 得 怎么样？

　　B：Tā bú dà yònggōng, kěshì chéngjì bú huài.
　　　他 不 大 用功，可是 成绩 不 坏。

266　A：Nǐ zuótiān qù kàn zúqiú bǐsài le ba?
　　　你 昨天 去 看 足球 比赛 了 吧？

　　B：Qù le. Yòu xiàyǔ, yòu méi sǎn, gǎo de fēicháng lángbèi.
　　　去 了。又 下雨，又 没 伞，搞 得 非常 狼狈。

267　A：Xià ge yuè nǐ háishi yào qù lǚxíng ma?
　　　下 个 月 你 还是 要 去 旅行 吗？

　　B：Yòu méi qián yòu méi shíjiān, lǚxíng zuò bà le.
　　　又 没 钱 又 没 时间，旅行 作 罢 了。

268　A：Tā xuéxí de zěnmeyàng?
　　　他 学习 得 怎么样？

　　B：Tā hěn yònggōng, kěshì chéngjī zǒngshì bú dà hǎo.
　　　他 很 用功，可是 成绩 总是 不 大 好。

269　A：Nǐ zhīdao zhè ge wèntí ba.
　　　你 知道 这 个 问题 吧。

　　B：Dāngrán zhīdao. Búguò, guānyú zhè ge wèntí, biǎomiàn shàng
　　　当然 知道。不过，关于 这 个 问题，表面 上
　　　wǒ shì zhuāngzuò bù zhīdao de.
　　　我 是 装作 不 知道 的。

270　A：Lǎo Zhāng hé Lǎo Wú zài tán shénme?
　　　老 张 和 老 吴 在 谈 什么？

　　B：Tāmen hǎoxiàng zài tán dúshū de fāngfǎ.
　　　他们 好像 在 谈 读书 的 方法。

271　A：デジカメ持ってる？

　　　B：デジカメは張君が持ってます。

272　A：君この本読んだことあるかい？

　　　B：今ちょうど読んでますが、まだ読み終わっていません。

273　A：この本読み終わった？

　　　B：とっくに読み終わりました。

274　A：明日の今ごろ君はもう中国だね。

　　　B：ええ、北京にいるころですね。

275　A：彼酒はやらないのかい？

　　　B：酒も飲まないし、たばこもやりません。とっても質素な人です。

276　A：あの人最近随分進歩したね。

　　　B：ええ、まるで信じられないような速さです。

277　A：あの人のドイツ語はどう？

　　　B：まるでドイツ人みたいに流暢なドイツ語です。

278　A：君この計画どう思う？

　　　B：まるで夢のような計画ですね。

271
A：Nǐ yǒu shùmǎxiàngjī méiyǒu?
你 有 数码相机 没有?

B：Shùmǎxiàngjī lǎo Zhāng yǒu.
数码相机 老 张 有。

272
A：Nǐ kànguo zhè běn shū méiyǒu?
你 看过 这 本 书 没有?

B：Wǒ xiànzài zhèngzài kàn, kěshì hái méiyǒu kànwán.
我 现在 正在 看，可是 还 没有 看完。

273
A：Zhè běn shū nǐ kànwán le méiyǒu?
这 本 书 你 看完 了 没有?

B：Wǒ zǎojiù kànwán le.
我 早就 看完 了。

274
A：Míngtiān zhè shíhou nǐ yǐjing zài Zhōngguó le ba.
明天 这 时候 你 已经 在 中国 了 吧。

B：Duì, yǐjing zài Běijīng le.
对，已经 在 北京 了。

275
A：Tā bù hējiǔ ma?
他 不 喝酒 吗?

B：Tā yòu bù hējiǔ, yòu bù chōuyān, shì hěn jiǎnpǔ de rén.
他 又 不 喝酒，又 不 抽烟，是 很 俭朴 的 人。

276
A：Tā zuìjìn yǒu le hěn dà jìnbù.
他 最近 有 了 很 大 进步。

B：Duì, jìnbù de sùdù jiǎnzhí lìng rén bùgǎn xiāngxìn.
对，进步 的 速度 简直 令 人 不敢 相信。

277
A：Tā de Déyǔ shuō de zěnmeyàng?
他 的 德语 说 得 怎么样?

B：Tā xiàng Déguórén yíyàng shuō de yìkǒu liúlì de Déyǔ.
他 像 德国人 一样 说 得 一口 流利 的 德语。

278
A：Nǐ kàn zhè ge jìhuà zěnmeyàng?
你 看 这 个 计划 怎么样?

B：Jiǎnzhí xiàng zuòmèng yìbān de jìhuà.
简直 像 做梦 一般 的 计划。

279 A：この前の集まりで、彼発言したかい？

B：しました。まるで人ごとみたいな言い方だったけど、鋭い意見を言ってましたよ。

280 A：君も食べなよ。

B：歩きながら物を食べるのはあんまり…

281 A：問題はどこにあると思う？

B：問題は努力するかしないかですね。

282 A：何か面白い本ないかい？

B：このところどうもないですね。

283 A：問題は何かな？

B：誠意があるかないかの問題ですよ。

284 A：ここ数日随分寒いね！

B：ええ、朝晩は冷えますから、薄着して風邪を引かないようにして下さい。

285 A：今から出て、まだ急行に間に合うかな？

B：9時の急行に間に合います。

286 A：君よく考えてみたの？

B：はい。でも考えれば考えるほど分からなくなります。

279 A：Shànghuí tā zài huìshang fāyán le ma?
上回 他 在 会上 发言 了 吗？

B：Fāyán le. Hǎoxiàng zài tán biérén de wèntí shìde tíchū le jiānruì de wèntí.
发言 了。好像 在 谈 别人 的 问题 似地 提出 了 尖锐 的 问题。

280 A：Nǐ yě chī ba.
你 也 吃 吧。

B：Zǒuzhe chī dōngxi bú tài hǎo.
走着 吃 东西 不 太 好。

281 A：Nǐ kàn wèntí zài nǎlǐ?
你 看 问题 在 哪里？

B：Wèntí zàiyú nǔlì bu nǔlì.
问题 在于 努力 不 努力。

282 A：Yǒu shénme yǒuqùr de shū méiyǒu?
有 什么 有趣儿 的 书 没有？

B：Zuìjìn kě méiyǒu.
最近 可 没有。

283 A：Wèntí shì shénme ne?
问题 是 什么 呢？

B：Wèntí zàiyú yǒu méiyǒu chéngyì.
问题 在于 有 没有 诚意。

284 A：Zhè jǐ tiān tiānqì hěn lěng.
这 几 天 天气 很 冷。

B：Duì, zǎowǎn de tiānqì yǐjing lěng le, bié shǎochuān yīshang zháo le liáng.
对，早晚 的 天气 已经 冷 了，别 少穿 衣裳 着 了 凉。

285 A：Xiànzài chūmén, hái kěyǐ gǎn de shàng kuàichē ma?
现在 出门，还 可以 赶得上 快车 吗？

B：Kěyǐ gǎn de shàng jiǔ diǎn de kuàichē.
可以 赶得上 九点 的 快车。

286 A：Nǐ hǎohāor xiǎngguo méiyǒu?
你 好好儿 想过 没有？

B：Xiǎngguo, kěshì yuè xiǎng yuè hútu le.
想过，可是 越 想 越 胡涂 了。

287 A：もし雨だったらどうする？

B：もし雨なら、ピクニックは中止です。

288 A：もし失敗したら、どうする？

B：失敗したらもう一度やってみます。

289 A：君だったら、やっぱりああいうふうにやる？

B：私ならあんなふうにはやらないです。

290 A：みんなはどう言ってた？

B：先生と一緒だったらみんな行くそうです。

291 A：あの人やっぱりどうしても行くってさ。

B：何としても行くと言うなら私も反対はしません。

292 A：忙しいでしょう？

B：このところ日曜も休めないほど忙しいです。

293 A：あの翻訳してる人、辞書の引き方も知らないんだ。

B：辞書の使い方も知らないんじゃ、翻訳をやる資格はないですね。

287 A：要是下雨的话，怎么办？
B：要是下雨，郊游就取消。

288 A：要是失败了，那怎么办？
B：要是失败了就再来一次。

289 A：要是你的话还是那样做吗？
B：要是我就不那样做。

290 A：大家是怎么说的呢？
B：大家说，要是和老师一起就都去。

291 A：他还是说一定要去。
B：要是坚决要去，我也不一定反对。

292 A：很忙吧。
B：近来忙得连礼拜天也没工夫休息。

293 A：他那个搞翻译的连字典的用法都不知道。
B：要是连字典的用法都不知道，可就没资格搞翻译了。

294 A：今まだ簡単な日常会話も出来ないし、留学したらどうすればいいのか全くお先まっくらだよ。

B：心配ないです。中国へ行けば、会話はうまくなりますから。

295 A：このこと、君知ってる？

B：こんなこと子供でも知ってますよ。

296 A：中国語以外に、どんな外国語が出来る？

B：私は中国語しか出来ないんです。

297 A：この本、借りてっていいですか？

B：これ1冊しかないんで、貸し出せません。

298 A：中国語の会話は難しいですか？

B：常に練習していれば、会話はそんなに難しくないです。

299 A：彼翻訳できる？

B：辞書さえあれば、彼でも少しはできます。

300 A：父さん！父さん！

B：用があるなら母さんに言いなさい。

294 A：Xiànzài jiǎndān de rìcháng huìhuà hái búhuì, zhēn bù zhīdao
现在 简单 的 日常 会话 还 不会，真 不 知道
liúxué yǐhòu zěnme zuò cái hǎo.
留学 以后 怎么 做 才 好。

B：Búbì dānxīn, zhǐyào dào Zhōngguó qù, huìhuà mǎshang kěyǐ
不必 担心，只要 到 中国 去，会话 马上 可以
tígāo.
提高。

295 A：Zhè ge shìqing, nǐ zhīdao ma?
这 个 事情，你 知道 吗？

B：Zhèyang de shìqing lián xiǎoháizi dōu zhīdao.
这样 的 事情 连 小孩子 都 知道。

296 A：Chúle Zhōngguóhuà yǐwài, nǐ hái huì nǎ yì zhǒng wàiguóhuà?
除了 中国话 以外，你 还 会 哪 一 种 外国话？

B：Wǒ zhǐ huì Zhōngguó huà.
我 只 会 中国话。

297 A：Zhè běn shū, kěyǐ jiè zǒu ma?
这 本 书，可以 借 走 吗？

B：Zhè běn shū zhǐyǒu yì běn, bù néng chūjiè.
这 本 书 只有 一 本，不 能 出借。

298 A：Zhōngwén huìhuà nán bu nán?
中文 会话 难 不 难？

B：Zhǐyào jīngcháng liànxí, huìhuà bìng bú shì tài nán de.
只要 经常 练习，会话 并 不 是 太 难 的。

299 A：Tā néng gǎo fānyì ma?
他 能 搞 翻译 吗？

B：Zhǐyào yǒu cídiǎn, tā yě néng gǎo yìdiǎnr fānyì.
只要 有 词典，他 也 能 搞 一点儿 翻译。

300 A：Bàba! Bàba!
爸爸！爸爸！

B：Yǒu shìr zhǎo māma shuō qù!
有 事儿 找 妈妈 说 去！

301 A：大学に入るか入らないかは自分で決めるよ。

B：もう勝手にしなさい！

302 A：小華、私のめがねどこにあるか知ってるかい？

B：知らないわ。母さんに聞いてよ。

303 A：ちょっと、そこの字典取ってくれないか！

B：今忙しいから、自分で取りに来て。

304 A：もしお客さんが来たら、会社に電話してください。

B：はい、分かりました。

305 A：ちょっとお聞きしますが、水道橋駅へは どう行ったらよいでしょうか？

B：この道に沿って5分ほど行った所です。

306 A：ちょっとお伺いします。ここから水道橋駅へはどう行ったらよいでしょうか。

B：そこの地下鉄で1駅です。

■【会話練習はスポーツ】

　会話はスポーツのように練習しましょう。理論も大切ですが、練習の方がもっと大切です。知識も大切ですが、技を訓練してレベルを上げる事がより大切です。機械体操の例を取ってみると、会話とは体操の演技を行うようなものです。しっかりしたコーチ（教師、教材）の指導の下で、技（短文会話）を習得し、演技構成（短文を連ねて伝えたいことを構築する）を行い、試合で演技（実際の場面で論述する）を行います。↗

301
A：Shàng bu shàng dàxué děi yóu wǒ zìjǐ juédìng.
上 不 上 大学 得 由 我 自己 决定。
B：Nǐ ài zěnme jiù zěnme di.
你 爱 怎么 就 怎么 的。

302
A：Xiǎo Huá, nǐ zhīdao wǒ de yǎnjìng zài nǎr ma?
小华，你 知道 我 的 眼镜 在 哪儿 吗？
B：Wǒ bù zhīdao, wènwen māma ba.
我 不 知道，问问 妈妈 吧。

303
A：Wèi, bǎ nàbiān de zìdiǎn ná gěi wǒ.
喂，把 那边 的 字典 拿 给 我。
B：Wǒ hěn máng, nǐ zìjǐ lái qǔ ba.
我 很 忙，你 自己 来 取 吧。

304
A：Yàoshi lái le kèrén, jiù wǎng gōngsī dǎ diànhuà zhǎo wǒ.
要是 来 了 客人，就 往 公司 打 电话 找 我。
B：Hǎo, zhīdao le.
好，知道 了。

305
A：Dǎtīng nín yí xià, dào Shuǐdàoqiáo chēzhàn zěnme zǒu ne?
打听 您 一 下，到 水道桥 车站 怎么 走 呢？
B：Shùnzhe zhè tiáo lù zǒu wǔ fēnzhōng jiù dào.
顺着 这 条 路 走 五 分钟 就 到。

306
A：Dǎtīng nín yí xià, cóng zhèli dào Shuǐdàoqiáo chēzhàn gāi zěnme zǒu ne?
打听 您 一 下，从 这里 到 水道桥 车站 该 怎么 走 呢？
B：Zuò nà ge dìtiě xià yí zhàn jiùshì.
坐 那 个 地铁 下 一 站 就是。

　この場合、知識や理論に長けていても、練習しなければ技や演技は上達しません。どうしても実際の練習が必要です。スポーツは練習しないとうまくはなりません。
　会話の学習もスポーツと同じです。知識や理論も必要ですが、それだけでは会話は出来るようにはなりません。練習が第一です。本書を活用して充分な訓練を行ってください。

307 A：張君、ここから飯田橋までどのくらいかかる？

　　B：地下鉄に乗れば5分もかかりません。

308 A：歩いて行くとどのくらいだろう？

　　B：15分ぐらいですね。

309 A：張君、この近くに百円ショップある？

　　B：この近くにはなかったと思います。

310 A：僕、靴ひもを買いたいんだけど。

　　B：この先をちょっと行った所に靴屋がありますから、行ってみたらどうでしょう。

311 A：ちょっと伺いますが、社長室はどこですか？

　　B：廊下を真直ぐ行って突き当たりを左に曲がり、右手の1つ目のドアです。

312 A：君の田舎最近どうですか。随分変わっただろうね？

　　B：長いこと、田舎に帰っていないもので、様子がよくわかりません。

313 A：もう何年くらい田舎に帰ってないんだい？

　　B：6年になります。

307
A：Xiǎo Zhāng, cóng zhèli dào Fàntiánqiáo xūyào duōcháng shíjiān ne?
　　小张，从 这里 到 饭田桥 需要 多长 时间 呢？
B：Zuò dìtiě de huà, yòng bu liǎo wǔ fēnzhōng.
　　坐 地铁 的 话，用 不 了 五 分钟。

308
A：Zǒuzhe qù de huà, xūyào duōshao shíjiān?
　　走着 去 的 话，需要 多少 时间？
B：Yào shí wǔ fēnzhōng zuǒyòu ba.
　　要 十 五 分钟 左右 吧。

309
A：Xiǎo Zhāng, zhèr fùjìn yǒu méiyǒu bǎiyuándiàn?
　　小 张，这儿 附近 有 没有 百元店？
B：Zhèr fùjìn kě méiyǒu.
　　这儿 附近 可 没有。

310
A：Wǒ xiǎng mǎi xié dàir.
　　我 想 买 鞋 带儿。
B：Qiánmiàn bù yuǎn yǒu yì jiā xiédiàn, nǐ qù kànkan ba.
　　前面 不 远 有 一 家 鞋店，你 去 看看 吧。

311
A：Qǐng wèn, jīnglǐshì zài nǎr ne?
　　请 问，经理室 在 哪儿 呢？
B：Shùnzhe zǒuláng zǒu dào jìntóu xiàng zuǒ guǎi,
　　顺着 走廊 走到 尽头 向 左 拐，
　　yòubiānr de dì yí ge ménr jiùshi.
　　右边儿 的 第 一 个 门儿 就是。

312
A：Nǐ de lǎojiā zuìjìn zěnmeyàng? Yǒu hěn dà de biànhuà le ba?
　　你 的 老家 最近 怎么样？ 有 很 大 的 变化 了 吧？
B：Yīnwèi wǒ hěn cháng shíjiān méi huí lǎojiā, búdà liǎojiě nàli de
　　因为 我 很 长 时间 没 回 老家，不大 了解 那里 的
　　qíngkuàng.
　　情况。

313
A：Nǐ yǐjing jǐ nián méi huí lǎojiā le?
　　你 已经 几 年 没 回 老家 了？
B：Yǐjing liù nián méi huíqù le.
　　已经 六 年 没 回去 了。

314 A：ご両親から帰って来いと言われるでしょう！

B：そうなんです！

315 A：君、田舎どこだっけ？

B：長野県です。

316 A：お父さんは何の仕事をされてるの？

B：農家です。

317 A：農村は好きですか？

B：大好きです。

318 A：きっと景色がいいだろうね。

B：田圃があって、山があって、川に魚がたくさんいて、本当にきれいです！

319 A：きっと空気がきれいだろうね！

B：とてもきれいです。東京のようにこんなにビルや工場がないですし、車も多くはありませんから。

320 A：おや、もう9時過ぎたんだね。

B：ええ、遅くなりましたね。

314 A：你父母亲都要你回去吧!
　　B：就是啊!

315 A：你的老家在哪儿?
　　B：在长野县。

316 A：父亲做什么工作?
　　B：是农民。

317 A：你喜欢农村吗?
　　B：我很喜欢。

318 A：那里的风景一定很好吧。
　　B：那里到处是田地，有山有水，河里还有鱼，风景可美了!

319 A：空气一定很新鲜吧!
　　B：非常新鲜。没有东京这么多的大厦工场，也没有这么多的汽车。

320 A：你看，已经过了九点了。
　　B：对，时间不早了。

|321| A：合宿での勉強の計画は、この次にしても間に合うね。

B：ええ。じゃあそういうことで、帰りましょう。

|322| A：あれ、バスは出たばかりだ、次のは10分待たなきゃ来ないね。

B：しょうがないから歩いて行きましょう。

|323| A：このところ少しあったかくなってきたね。

B：ええ。でも朝晩はまだ少し寒いですね。

|324| A：これからはだんだん暖かくなるね。

B：だんだんと日も長くなりますね。

|325| A：張君、君の家から学校までどのくらいかかるの？

B：早ければ30分、どんなに遅くても50分で着きます。

|326| A：30分なら遠くはないね、僕は1時間かかるから。

B：それは大変ですね！

|327| A：雨が降りそうだね。

B：天気予報は全く当てになりませんね。

321
A：关于集体训练的学习计划，我想下次再谈也不晚。
B：对。就这样，咱们走吧。

322
A：哎呀，公共汽车刚开走了，坐下一趟就得等十分钟了。
B：没办法，我们走着去吧。

323
A：这几天暖和一点儿了。
B：对。可是早晚还是比较凉快。

324
A：往后渐渐地暖和了。
B：天也渐渐地长起来了。

325
A：小张，从你家到学校得多少时间？
B：要是快的话半个小时，再慢也五十分钟可以到了。

326
A：半个小时的话不算太远，我要一个小时呢。
B：哦，你很辛苦！

327
A：好像就要下雨了。
B：天气预报真不可靠。

328 A：降ってきそうだ。

B：早く行きましょう。

329 A：駅まであとどのくらいだったっけ？

B：あと少しです、あのビルの向こうです。

330 A：昨日あの映画の脚本見たけどつまらなかった。

B：じゃあ行かない事にしましょう。

331 A：今晩読売ホールで中国映画をやるけど一緒に行かないかい。

B：夕方少し用事があるから、行けません。

332 A：まずは乾杯しましょう！

B：では、健康を祝して！

333 A：自分の家だと思って下さいね。遠慮は無用ですから。

B：はい、どうも。

334 A：たくさん召し上がって下さい。何がお好きですか？

B：どうも。自分で取りますから。

335 A：随分いける口のようですね、もう1杯どうですか！

B：いいえ、もう充分頂きました。

328 A：Yǎnkàn jiù yào xiàyǔ le.
眼看 就 要 下雨 了。

B：Kuài diǎnr zǒu ba.
快 点儿 走 吧。

329 A：Chēzhàn lí zhèr háiyǒu duōyuǎn ne?
车站 离 这儿 还有 多远 呢?

B：Méiyǒu duōyuǎn, jiù zài nà zuò dàlóu hòubian.
没有 多远，就 在 那 座 大楼 后边。

330 A：Zuótiān wǒ kàn le nà bù diànyǐngr de jùběn, jué de bù zěnmeyàng.
昨天 我 看 了 那 部 电影儿 的 剧本，觉 得 不 怎么样。

B：Nà zánmen jiù bú qù le.
那 咱们 就 不 去 了。

CD 2-34 **331** A：Jīnwǎn zài Dúmàihuìguǎn yǒu shàngyìng Zhōngguó diànyǐngr, zánmen yìqǐ qù kàn ba.
今晚 在 读卖会馆 有 上映 中国 电影儿，咱们 一起 去 看 吧。

B：Wǎnshang wǒ yǒu xie shìqing yào bàn, bù néng qù.
晚上 我 有 些 事情 要 办，不 能 去。

332 A：Zánmen xiān gānbēi ba!
咱们 先 干杯 吧!

B：Hǎo, wèi nǐ de jiànkāng!
好，为 你 的 健康!

333 A：Bú yào kèqi, rú zài zìjǐ jiāli yíyàng ba.
不 要 客气，如 在 自己 家里 一样 吧。

B：Hǎo, xièxie.
好，谢谢。

334 A：Qǐng duō chī diǎnr cài! Nǐ ài chī shénme?
请 多 吃 点儿 菜! 你 爱 吃 什么?

B：Xièxie, wǒ zìjǐ lái.
谢谢，我 自己 来。

335 A：Kànlái nǐ jiǔliàng hěn dà, zài lái yì bēi ba!
看来 你 酒量 很 大，再 来 一 杯 吧!

B：Bù, wǒ yǐjīng gòuliàng le.
不，我 已经 够量 了。

336 A：今日の料理はお口に合いましたでしょうか？

　　B：大変おいしく頂きました。

337 A：今日の料理はみんななかなかのものでしたね。

　　B：今日はお酒も料理も本当に充分頂きました。

338 A：お邪魔しました。これで失礼します。

　　B：おかまいもしませんで、またおいで下さい。

339 A：次はうちへおいで下さい。

　　B：はい、必ず。どうぞお気をつけて。

340 A：張と申しますが、山田さんをお願いします。

　　B：はい。少々お待ち下さい。

341 A：もしもし、張君何でまだここに着かないの？

　　B：迷子になってしまいました。

342 A：今どこにいるの？

　　B：東名銀行の近くです。

343 A：じゃあ銀行の前で待ってて。すぐ迎えに行くから。

　　B：お願いします。

336 A：Jīntiān de cài hé nǐ de kǒuwèi ma?
今天 的 菜 合 你 的 口味 吗？

B：Wánquán hé wǒ de kǒuwèi.
完全 合 我 的 口味。

337 A：Wǒ juéde jīntiān de cài dōu hěn bú cuò.
我 觉得 今天 的 菜 都 很 不 错。

B：Jīntiān wǒ zhēn shì jiǔzú fànbǎo le.
今天 我 真 是 酒足 饭饱 了。

338 A：Dǎjiǎo nǐmen le, wǒ huíqù le.
打搅 你们 了，我 回去 了。

B：Méi shénme zhāodài, qǐng nǐ zài lái.
没 什么 招待，请 你 再 来。

339 A：Xiàcì qǐng nǐmen dào wǒjiā qù zuòkè.
下次 请 你们 到 我家 去 作客。

B：Hǎo de, yídìng. Qǐng mànmānr zǒu ba.
好 的，一定。请 慢慢儿 走 吧。

340 A：Wǒ xìng Zhāng. Láojià, wǒ yào qǐng Shāntián xiānsheng
我 姓 张。 劳驾，我 要 请 山田 先生

jiē yíxià diànhuà.
接 一下 电话。

B：Hǎo, qǐng nǐ děng yi děng.
好，请 你 等 一 等。

341 A：Wèi, xiǎo Zhāng nǐ zěnme hái méi dào zhèli?
喂，小 张 你 怎么 还 没 到 这里？

B：Wǒ mílù le.
我 迷路 了。

342 A：Nǐ xiànzài zài nǎr?
你 现在 在 哪儿？

B：Zài Dōngmíng yínháng de fùjìn.
在 东名 银行 的 附近。

343 A：Nà nǐ zài yínháng qiánmiàn děngzhe wǒ ba. Wǒ mǎshang qù
那 你 在 银行 前面 等着 我 吧。我 马上 去

jiē nǐ.
接 你。

B：Máfan nǐ le.
麻烦 你 了。

344　A：前からトラックが来たよ、歩道を歩こう。

　　　B：大丈夫です、気をつけてるから。

345　A：教室に私の電子辞書ありませんでしたか、忘れてしまって。

　　　B：あなたの辞書だったんですか。さっき見付けました。

346　A：すみませんがとっといて下さい。明日もらいに伺います。

　　　B：はい、分かりました。これからは忘れないようにして下さい。

347　A：ここ分かりづらかったでしょう。

　　　B：いいえ、途中で1回聞いてすぐ分かりました。

348　A：飲みたい物を言って、遠慮しないで。

　　　B：じゃあ、みんな中国茶にして下さい。

349　A：いいニュースって一体何だろう？

　　　B：慌てないで、ゆっくり教えてあげますから。

350　A：私の時計なぜか遅れてる。今何時。まだ4時になってない？

　　　B：4時はとっくにまわりました。今4時15分です。

351　A：今日はお邪魔しました。失礼します。

　　　B：そうですか。じゃあまた遊びに来て下さい。

344　A：Qiánbian lái kǎchē le, zǒu rénxíngdào ba.
　　　前边 来 卡车 了，走 人行道 吧。

　　B：Búyàojǐn, wǒ huì zìjǐ xiǎoxīn de.
　　　不要紧，我 会 自己 小心 的。

345　A：Jiàoshìli yǒu méiyǒu wǒ de diànzǐcídiǎn, wǒ bǎ tā wàng le.
　　　教室里 有 没有 我 的 电子词典，我 把 它 忘 了。

　　B：Shì nǐ de cídiǎn ya, wǒ gāng fāxiàn le.
　　　是 你 的 词典 呀，我 刚 发现 了。

346　A：Máfan nǐ bǎ tā shōu qǐlái ba. Míngtiān wǒ qù qǔ.
　　　麻烦 你 把 它 收 起来 吧。明天 我 去 取。

　　B：Hǎo, zhīdao le. yǐhòu kě bú yào wàngjì le.
　　　好，知道 了。以后 可 不 要 忘 记 了。

347　A：Zhèli kě bù hǎo zhǎo ba.
　　　这里 可 不 好 找 吧。

　　B：Bù, zài lùshang wèn le yí cì jiù zhǎodào le.
　　　不，在 路上 问 了 一 次 就 找到 了。

348　A：Yào hē shénme jiù hē shénme, búyào kèqi.
　　　要 喝 什么 就 喝 什么，不要 客气。

　　B：Nàme, wǒmen dōu hē Zhōngguóchá ba.
　　　那么，我们 都 喝 中国茶 吧。

349　A：Nǐ yǒu shénme hǎo xiāoxi ne?
　　　你 有 什么 好 消息 呢?

　　B：Nǐ xiān bié máng, děng wǒ mànmānr gěi nǐ jiǎng.
　　　你 先 别 忙，等 我 慢慢儿 给 你 讲。

350　A：Wǒ de biǎo zěnme màn le! Xiànzài jǐ diǎn?
　　　我 的 表 怎么 慢 了! 现在 几 点?

　　　Hái bú dào sì diǎn ma?
　　　还 不 到 四 点 吗?

　　B：Sì diǎn zǎo guò le. Xiànzài shì sì diǎn yí kè.
　　　四 点 早 过 了。现在 是 四 点 一 刻。

351　A：Jīntiān tài dǎjiǎo nín le, wǒmen gāi zǒu le.
　　　今天 太 打搅 您 了，我们 该 走 了。

　　B：Zǒu a, nà jīnhòu chánglái wánr ba.
　　　走 啊，那 今后 常来 玩儿 吧。

352　A：私も一緒に駅まで行きます。

　　B：送らなくてけっこうですから。

353　A：たばこを買わなきゃいけないし、ついでだから、一緒に行きましょう。

　　B：はい、ではみんなで一緒に駅まで行きましょう。

354　A：みんな忘れ物をしないように、気をつけて！

　　B：大丈夫です。

355　A：ちょっと待って、カメラを取って来ます。
　　　外で一緒に記念撮影しましょう。

　　B：それはいいですね！

356　A：これから教育制度のことについて話しましょう。

　　B：では、始めましょう。皆さんどんどん発言してください。

357　A：では、最初に相原さんからお願いします。

　　B：いいですね。相原さんどうぞ。

358　A：どうして話さないの？

　　B：話さないんじゃなくて、言いたくても言えないんです。

359　A：では考えといてください、私が先に発言します。

　　B：あなたの意見を聞いて考えます。

352
A：Wǒ yě gēn nǐmen yìqǐ dào chēzhàn qù ba.
　　我也跟你们一起到车站去吧。
B：Qǐng bú yào sòng.
　　请不要送。

353
A：Wǒ děi qù mǎi xiāngyān ne, zhènghǎo shì shùnlù,
　　我得去买香烟呢，正好是顺路，
　　yìqǐ zǒu, yìqǐ zǒu.
　　一起走，一起走。
B：Hǎo, nà dàjiā yìqǐ zǒu dào chēzhàn ba.
　　好，那大家一起走到车站吧。

354
A：Dàjiā dōu dài hǎo zìjǐ de dōngxi le ma? Bié wàng le.
　　大家都带好自己的东西了吗？别忘了。
B：Dōu dàihǎo le.
　　都带好了。

355
A：Ò, děng yí xia wǒ qù ná xiàngjī lái.
　　哦，等一下我去拿相机来。
　　wǒmen zài wàibianr zhào yì zhāng xiàng zuò ge jìniàn ba.
　　我们在外边儿照一张相作个纪念吧。
B：Hǎo jí le!
　　好极了！

356
A：Xiànzài wǒmen jiù tántan jiàoyùzhìdù de wèntí ba.
　　现在我们就谈谈教育制度的问题吧。
B：Hǎo, kāishǐ ba. Qǐng dàjiā jījí fāyán.
　　好，开始吧。请大家积极发言。

357
A：Nàme, xiān yóu Xiāngyuán tóngxué lái kāi ge tóu ba.
　　那么，先由相原同学来开个头吧。
B：Hǎo, huānyíng. Xiāngyuán tóngxué nǐ shuō ba.
　　好，欢迎。相原同学你说吧。

358
A：Nǐ zěnme bù shuō huà ya?
　　你怎么不说话呀？
B：Wǒ bú shi bù shuōhuà, kěshì xiǎng shuō kě shuō bu chūlái.
　　我不是不说话，可是想说可说不出来。

359
A：Nà nǐ zài xiǎng yi xiǎng, wǒ xiān shuō ba.
　　那你再想一想，我先说吧。
B：Wǒ xiān tīng nǐ de yìjiàn zài xiǎng xiang ba.
　　我先听你的意见再想想吧。

|360| A：彼女の意見ですが、皆さん分かりましたか？

B：まだよく分かりません。もう一度お願いします。

|361| A：ちょっとお待ち下さい、あなたに話があります。

B：何でしょうか、言って下さい。

|362| A：彼女の見方について、何か他に意見はありませんか？

B：はい、あります。

|363| A：あなたはどうですか？

B：私は彼女の見方に賛成出来ません。

|364| A：彼女の話は間違っていると思います。

B：なぜでしょう。説明して下さい。

|365| A：どうしたの？

B：ちょっと頭が痛いんです。

|366| A：ひどいですか？

B：大丈夫です。

|367| A：どうしました？

B：何か風邪を引いたみたいなんです。

360　A：Tā de yìjiàn dàjiā dōu míngbai le ma?
　　　　她 的 意见 大家 都 明白 了 吗？

　　　B：Wǒ hái bù míngbai. Xīwàng tā zài shuō yí biàn.
　　　　我 还 不 明白。希望 她 再 说 一 遍。

361　A：Qǐng děng yi děng, wǒ yǒu huà gēn nǐ shuō.
　　　　请 等 一 等，我 有 话 跟 你 说。

　　　B：Yǒu shénme shìr, nǐ shuō ba.
　　　　有 什么 事儿，你 说 吧。

362　A：Duì tā de kànfǎ, dàjiā háiyǒu bié de yìjiàn méiyǒu?
　　　　对 她 的 看法，大家 还有 别 的 意见 没有？

　　　B：Wǒ yǒu yìjiàn.
　　　　我 有 意见。

363　A：Nǐ kàn zěnmeyàng?
　　　　你 看 怎么样？

　　　B：Wǒ bù zànchéng tā de kànfǎ.
　　　　我 不 赞成 她 的 看法。

364　A：Wǒ kàn tā shuō de bú duì.
　　　　我 看 她 说 得 不 对。

　　　B：Wèi shénme? Nǐ gěi tā shuōmíng yíxiàr ba.
　　　　为 什么？你 给 她 说明 一下儿 吧。

365　A：Zěnme le?
　　　　怎么 了？

　　　B：Tóu yǒu diǎnr téng.
　　　　头 有 点儿 疼。

366　A：Lìhai ma?
　　　　厉害 吗？

　　　B：Búyàojǐn.
　　　　不要紧。

367　A：Zěnme le?
　　　　怎么 了？

　　　B：Hǎoxiàng gǎn mào le.
　　　　好像 感冒 了。

368　A：熱はあるの？

　　　B：いいえ、頭が痛いんです。

369　A：彼女病気らしいですね。今具合はどうなんでしょう？

　　　B：少しよくなったということです。

370　A：たばこ吸いますか？

　　　B：今日は吸いすぎて頭がちょっと痛いから吸わないことにします。

371　A：君どうしてたばこ吸わないの？

　　　B：たばこはお金もかかるし体にも悪いからです。

372　A：彼女機嫌悪そうですね。

　　　B：ええ。彼女が腹を立てるなんてこれまでになかったんですけど。

373　A：今日の彼女はいつものように明るくないね。

　　　B：きっと何か理由があるんでしょう。

374　A：雨河さん、何か嫌なことでもあったの？

　　　B：気分が悪いの。どうも風邪を引いたみたい。

375　A：古内さんこんにちは。昨日の会議どうして出なかったんですか？

　　　B：すみませんでした。ここ2日ほどちょっと具合が悪くて。

368 A：Fāshāo ma?
发烧 吗？

B：Bù, tóuténg.
不，头疼。

369 A：Tīngshuō tā bìng le. Tā xiànzài zěnmeyàng? Nǐ zhīdao ma?
听说 她 病 了。她 现在 怎么样？你 知道 吗？

B：Tīngshuō tā xiànzài hǎo le yì diǎnr le.
听说 她 现在 好 了 一 点儿 了。

370 A：Chōuyān ma?
抽烟 吗？

B：Jīntiān wǒ chōuyán tài duō le, tóu yǒu diǎnr téng, suǒyǐ bù chōu le.
今天 我 抽烟 太 多 了，头 有 点儿 疼，所以 不 抽 了。

CD 2-38

371 A：Nǐ zěnme bù chōuyān?
你 怎么 不 抽烟？

B：Chōuyān búdàn huāqián, érqiě duì shēntǐ yě bù hǎo.
抽烟 不但 花钱，而且 对 身体 也 不 好。

372 A：Tā hǎoxiàng hěn bù gāoxìng.
她 好像 很 不 高兴。

B：Shì a! Wǒ hái cónglái méi kànguo tā fā píqi ne.
是 啊！我 还 从来 没 看过 她 发 脾气 呢。

373 A：Jīntiān tā bú xiàng wǎngcháng nàyang kuàihuó.
今天 她 不 像 往常 那样 快活。

B：Yídìng yǒu shénme yuányīn.
一定 有 什么 原因。

374 A：Yǔ hé, nǐ shì bu shì yǒu shénme fánshìr?
雨 河，你 是 不 是 有 什么 烦事儿？

B：Wǒ gǎnjué bú dà shūfu, hǎoxiàng gǎnmào le.
我 感觉 不 大 舒服，好像 感冒 了。

375 A：Gǔnèi, nǐ hǎo. Zuótiān kāihuì, nǐ zěnme méi lái ne?
古内，你 好。昨天 开会，你 怎么 没 来 呢？

B：Duìbuqǐ, wǒ zhè liǎng tiān yǒu diǎnr bù shūfu.
对不起，我 这 两 天 有 点儿 不 舒服。

376 A：この小説は厚すぎる。いつになったら読み終わるかわからない。

B：最初から細かく読まなくてもいいから、まずざっと読んでみてください。

377 A：この書類を社長の所へ届けてください。

B：はい。

378 A：あの窓を閉めてください。

B：はい、すぐ閉めます。

379 A：私も連れてってください。

B：いいですよ。

380 A：もし意見があったら、遠慮なく出してください。

B：別に意見はありません。

381 A：神谷さんに一度うちへ来るように伝えてください。

B：はい、きっと伝えます。

382 A：こっちへ来る時、ついでに持って来てください。

B：はい。

383 A：その問題は原さんに聞いてみてください。

B：はい、じゃ聞いてみます。

376
A: Zhè běn xiǎoshuō tài hòu, bù zhīdao shénme shíhou cái néng kàn wán.
这本小说太厚，不知道什么时候才能看完。

B: Búyào yì kāishǐ jiù zǐxì kàn, xiān dàlüè kàn yíxià ba.
不要一开始就仔细看，先大略看一下吧。

377
A: Bǎ zhè fèn wénjiàn gěi shèzhǎng sòng qù.
把这份文件给社长送去。

B: Shì.
是。

378
A: Qǐng bǎ nà shàn chuānghu guānshang.
请把那扇窗户关上。

B: Hǎo, wǒ mǎshang jiù qù guān.
好，我马上就去关。

379
A: Qǐng nǐ bǎ wǒ yě dài qù.
请你把我也带去。

B: Xíng.
行。

380
A: Ruò yǒu yìjiàn, qǐng bú kèqi de tíchū lái.
若有意见，请不客气地提出来。

B: Wǒ méiyǒu shénme yìjiàn.
我没有什么意见。

CD 2-39

381
A: Qǐng gàosu Shéngǔ dào wǒjiā lái yítàng.
请告诉神谷到我家来一趟。

B: Hǎo, wǒ yídìng gàosu tā.
好，我一定告诉她。

382
A: Dào zhèbian lái de shíhou shùnbiàn gěi wǒ dàilái ba.
到这边来的时候顺便给我带来吧。

B: Hǎo de.
好的。

383
A: Zhège wèntí wèn yi wèn Yuán xiānsheng ba.
这个问题问一问原先生吧。

B: Hǎo, nà wǒ wèn wen tā.
好，那我问问他。

384 A：あなたもどうぞ一緒に行ってください。

B：すみません、行けないんです。

385 A：もし細かいのをお持ちでしたら立て替えてください。

B：ごめん、私細かいの持ち合わせてないんです。

386 A：これを陳先生の家まで届けていただきたいんですが。

B：いいですよ。

387 A：そんな所へは行くなよ。

B：行かないわけにはいかないんです。

388 A：ここはどこですか？

B：危ない、近寄っちゃだめ。

389 A：そんな事やっちゃだめ。

B：もう二度とやりません。

390 A：酒を飲みすぎちゃいけませんよ。

B：どうぞご心配なく。

391 A：あのいすを持って来てください。

B：少々おまち下さい。

384
A：请您也一块儿去吧。
Qǐng nín yě yíkuàir qù ba.
B：对不起，我不能去。
Duìbuqǐ, wǒ bù néng qù.

385
A：若有零钱请给垫一下。
Ruò yǒu língqián qǐng gěi diàn yíxià.
B：对不起，我没有零钱。
Duìbuqǐ, wǒ méiyǒu língqián.

386
A：请你把这个送到陈老师家里。
Qǐng nǐ bǎ zhè ge sòng dào Chén lǎoshī jiāli.
B：可以。
Kěyǐ.

387
A：别到那样的地方去。
Bié dào nàyang de dìfang qù.
B：我非去不可。
Wǒ fēi qù bù kě.

388
A：这里是什么地方？
Zhèli shì shénme dìfang?
B：危险，别靠近。
Wēixiǎn, bié kàojìn.

389
A：干那样的事儿可不行。
Gàn nàyang de shìr kě bù xíng.
B：我再也不干了。
Wǒ zài yě bú gàn le.

390
A：酒不要喝得过多。
Jiǔ bú yào hē de guò duō.
B：请放心吧。
Qǐng fàngxīn ba.

CD 2-40　391
A：请把那椅子给我拿过来。
Qǐng bǎ nà yǐzi gěi wǒ ná guò lái.
B：请稍等一会儿。
Qǐng shāo děng yìhuǐr.

392 A：病み上がりには無理しちゃいけないよ。

B：はい、分かってます。

393 A：読み終わったら貸してください。

B：はい。もう2〜3日待ってください。

394 A：お客さんだよ、早く帰って来て。

B：すぐ帰ります。

395 A：もし買うならいいものを買いなさい。

B：はい。

396 A：明日も雨だね。

B：多分そうですね。

397 A：お嬢ちゃんいくつ？

B：あと1か月でちょうど3つです。

398 A：まだ幼稚園に入らないの？

B：来月から行きます。

399 A：君100メートルどのくらいで走れる？

B：多分12秒を切ると思います。

392 A：Bìng gāng hǎo, bié tài yònggōng la.
　　　病 刚 好，别 太 用功 啦。
　　B：Hǎo, wǒ zhīdao, wǒ zhīdao.
　　　好，我 知道，我 知道。

393 A：Kàn wán le qǐng jiè gěi wǒ.
　　　看 完 了 请 借 给 我。
　　B：Hǎo, qǐng nǐ zài děng liǎng sān tiān.
　　　好，请 你 再 等 两 三 天。

394 A：Yǒu kèrén lái le, kuài huílái ba.
　　　有 客人 来 了，快 回来 吧。
　　B：Wǒ mǎshang jiù huíqù.
　　　我 马上 就 回去。

395 A：Yào mǎi jiù mǎi hào de ba.
　　　要 买 就 买 好 的 吧。
　　B：Hǎo.
　　　好。

396 A：Míngtiān yě yào xiàyǔ ba.
　　　明天 也 要 下雨 吧。
　　B：Kěnéng shì.
　　　可能 是。

397 A：Xiǎomèimei jǐ suì le?
　　　小妹妹 几 岁 了？
　　B：Zài yǒu yí ge yuè jiù mǎn sān suì le.
　　　再 有 一 个 月 就 满 三 岁 了。

398 A：Hái méiyǒu rù yòu'éryuán ma?
　　　还 没有 入 幼儿园 吗？
　　B：Cóng xià ge yuè qǐ jiù yào rù le.
　　　从 下 个 月 起 就 要 入 了。

399 A：Nǐ pǎo yì bǎi gōngchǐ yào jǐ miǎo zhōng?
　　　你 跑 一 百 公尺 要 几 秒 钟？
　　B：Wǒ xiǎng dàgài yào bu liǎo shí èr miǎo.
　　　我 想 大概 要 不 了 十 二 秒。

400　A：君は何秒ぐらいで走れる？

　　　B：私、短距離はだめなんです。

401　A：この三角定規は君んでしょう？

　　　B：私んじゃありません。

402　A：このほうがあれよりいいでしょう？

　　　B：そうとも言えないです。

403　A：ナイロンは多分綿より丈夫だろう？

　　　B：そりゃ何とも言えません。

404　A：この前話したあの問題どうなった？

　　　B：まだそんなにはっきりしてないんです。

405　A：大体のことも分からないのかい？

　　　B：全く分からないわけじゃありません、多分面倒なことになることはないと思います。

■【ヒヤリング】

　ヒヤリングを強くするには、同じ音を発音出来るようにする事が一番の近道です。なんとなく中国語のテープを流して聴いていてもヒヤリングは強くなりません。自分でしっかり発音してみなければいけません。言葉の速度、語調をまねてみる事で、印象が深まり、聴き取れる可能性が高まるのです。しっかり声を出して読んで下さい。また自分では声を出しているつもりでも、実は自分の身体の内部を伝わって直接耳に響いている音もかなりあります。自分の口から発音さ↗

400
A：Nǐ dàgài yào pǎo jǐ miǎo zhōng?
你 大概 要 跑 几 秒 钟?

B：Wǒ duǎn jùlí bù xíng.
我 短 距离 不 行。

401
A：Zhè ge sānjiǎochǐ shì nǐ de ba?
这 个 三角尺 是 你 的 吧?

B：Búshì wǒ de.
不 是 我 的。

402
A：Zhè ge bǐ nà ge hǎo ba.
这 个 比 那 个 好 吧。

B：Nà bù yídìng.
那 不 一定。

403
A：Nílóng dàgài bǐ miánzhīpǐn jiēshi ba.
尼龙 大概 比 棉织品 结实吧。

B：Nà hěn nán shuō.
那 很 难 说。

404
A：Shàngcì tán de nà ge wèntí zěnmeyàng le?
上次 谈 的 那 个 问题 怎么样 了?

B：Xiànzài hái bù shífēn míngquè.
现在 还 不 十分 明确。

405
A：Dàgài de qíngkuàng yě bù zhīdao ma?
大概 的 情况 也 不 知道 吗?

B：Yě bú shi wánquán bù zhīdao, wǒ xiǎng dàgài bú zhìyú yǐnqǐ tài máfan de wèntí ba.
也 不 是 完全 不 知道，我 想 大概 不 至于 引起 太 麻烦 的 问题 吧。

れ外に出ていった音とは違う場合があります。録音して自分がリピートやシャドウイングした音を確かめてみてください。自分がしっかりリピート、シャドウイングできる会話表現は聴き取れる可能性が大きいでしょう。同じような速さで読めない所は、聴き取れない場合が多いでしょう。しっかり読めるものは聴き取れるのです。眼で漢字を見て意味が理解できても、聴き取れるわけではありません。

406 A:そんなに薄着で、寒いだろう。

B:少しも寒くないですよ。

407 A:君がやらないなら、おれがやろう。

B:いや、やっぱり私がやります。

408 A:前後の関係からすると、こういうふうに解釈して多分間違いじゃないでしょう。

B:ええ。

409 A:彼がそんな大きな間違いをするなんて、思いもしなかった。

B:全くです。

410 A:ここを押すと痛いでしょう？

B:はい、痛いです。

411 A:あの全集は戦前に出版されたものでしょう？

B:いえ、戦後すぐに出されたものです。

412 A:間もなく君にも分かるでしょう。

B:そうかなあ？

413 A:今日何で遅れて来たの？

B:家を出ようと思ったら、友達が訪ねて来たんです。

406 A：Chuān de zhème shǎo, lěng ba.
穿 得 这么 少，冷 吧。

B：Yìdiǎnr yě bù lěng.
一点儿 也 不 冷。

407 A：Yàoshi nǐ bù gǎo de huà, wǒ lái gǎo.
要是 你 不 搞 的 话，我 来 搞。

B：Bù, háishi yóu wǒ lái ba.
不，还是 由 我 来 吧。

408 A：Cóng qiánhòu de guānxi lái pànduàn, nàyang jiěshì dàgài méi cuò ba.
从 前后 的 关系 来 判断，那样 解释 大概 没 错 吧。

B：Duì.
对。

409 A：Méi xiǎngdào tā huì fàn nàyang dà de cuòwù.
没 想到 他 会 犯 那样 大 的 错误。

B：Zhēn shì.
真 是。

410 A：Yí àn zhèli jiù juéde téng ba.
一 按 这里 就 觉得 疼 吧。

B：Shì, hěn téng.
是，很 疼。

411 A：Nà bù quánjí shì zhànqián chūbǎn de ba.
那 部 全集 是 战前 出版 的 吧。

B：Bù, shì zhànhòu bùjiǔ chūbǎn de.
不，是 战后 不久 出版 的。

412 A：Bùjiǔ nǐ yě huì zhīdao de.
不久 你 也 会 知道 的。

B：Shì ma?
是 吗？

413 A：Jīntiān nǐ zěnme chídào le?
今天 你 怎么 迟到 了？

B：Zhèng xiǎng chūmén, péngyou zhǎo wǒ lái le.
正 想 出门，朋友 找 我 来 了。

414 A：日本にも高級中学があるでしょう？

B：日本では高級中学とはいわず、高等学校というんです。

415 A：成績が悪いのは多分勉強方法がよくないからでしょう！

B：一概にそうとは言えません。

416 A：この薬、苦くない？

B：少しも苦くないです。

417 A：お湯もう沸いたかな？

B：まだ沸きません。

418 A：私のめがねは？

B：あなたのめがねここにあるじゃありませんか！

419 A：そんなことを言う人はどこにもいないよ。

B：ええ、そんなめちゃくちゃな話はないですよ。

420 A：そんなばかな話があるか！

B：まあそう怒らないで。細かい所は互いに譲り合えばいいじゃないですか。

421 A：きょうの新聞、まだ来てない？

B：まだ来てないです。

414　A：日本也有高中吧。
　　B：日本不叫高中，叫高等学校。

415　A：成绩不好可能是因为学习的方法不对吧。
　　B：那很难判定。

416　A：这药不苦吗？
　　B：一点儿也不苦。

417　A：水已经开了吗？
　　B：还没开。

418　A：我的眼镜呢？
　　B：您的眼镜不就在那里嘛！

419　A：任何人也不会说那样的话！
　　B：对，哪儿有那么不讲理的事啊！

420　A：哪儿有那么荒唐的事啊！
　　B：别那么生气，细节地方彼此让一让不就得了嘛。

421　A：今天的报纸还没来吗？
　　B：还没有来。

422　A：こんなに遅いのに、何でまだ来ないんだろう？

　　　B：多分強風のせいでしょ。

423　A：おまえみたいにでたらめなやつを、だれが信用するか！

　　　B：どこがでたらめだって言うんですか！

424　A：あなたも行きますか？

　　　B：多分行くことになるでしょう。

425　A：こんなに遅くちゃ、張君今日来ないだろう！

　　　B：張君、必ず来ると思います。

426　A：だれに行ってもらおうかな？

　　　B：私が行きましょう。

427　A：明日、あの集会に行くんだけど、あなたも行きたい？

　　　B：私も行きたいです。

428　A：あの子、何するつもりだろう？

　　　B：川を渡ろうとしてるんですよ。

429　A：僕は絶対反対だ。

　　　B：どんなに反対しようとしたって無駄です。

422. A: Wèi shénme zhème wǎn hái bù lái ne?
　　为什么这么晚还不来呢?
　B: Dàgài shì yīnwèi guā dàfēng ba.
　　大概是因为刮大风吧。

423. A: Xiàng nǐ zhèyang húchě, shéi xiāngxìn ya!
　　象你这样胡扯，谁相信呀!
　B: Nǎr shì húchě!
　　哪儿是胡扯!

424. A: Nǐ yě qù ma?
　　你也去吗?
　B: Wǒ yě kěnéng qù.
　　我也可能去。

425. A: Shíjiān zhème wǎn le, lǎo Zhāng jīntiān bú huì lái le ba.
　　时间这么晚了，老张今天不会来了吧。
　B: Wǒ xiǎng lǎo Zhāng yídìng huì lái.
　　我想老张一定会来。

426. A: Ràng shéi qù ne?
　　让谁去呢?
　B: Wǒ qù ba.
　　我去吧。

427. A: Míngtiān wǒ qù nà ge jíhuì, nǐ yě xiǎng qù ma?
　　明天我去那个集会，你也想去吗?
　B: Wǒ yě xiǎng qù.
　　我也想去。

428. A: Nàge xiǎoháizi yào zuò shénme?
　　那个小孩子要做什么?
　B: Tā zhèng yào guò hé ne.
　　他正要过河呢。

429. A: Wǒ jiānjué fǎnduì.
　　我坚决反对。
　B: Bùguǎn nǐ zěnme xiǎng fǎnduì yě shì túláo de.
　　不管你怎么想反对也是徒劳的。

430 A：さぁ、みんなで一緒に歌いましょう。

B：はい。

431 A：あの人、この仕事出来ると思う？

B：この仕事はすごく体力が要るから、あの人には出来ないと思います。

432 A：あした、その会議に出れるかどうか、今のところまだ分からないんだ。

B：あしたの会議はとても重要らしいから、あなたが行けないなら私が行きます。

433 A：彼、どうしてあなたと一緒に帰って来なかったの？

B：本当は一緒に帰るつもりだったんだけど、航空券が取れなかったんで2～3日待たなきゃいけなくなったんです。

434 A：おれがこう言うのも、みんな君達のためなんだよ。

B：どんなに私達をだまそうとしたって無駄です。

435 A：彼に出来るかなあ？

B：とっても疲れる仕事だから、彼には出来ないでしょう。

436 A：あの芝居、見る？

B：あんなつまらない芝居、やめときましょう。

430
A：Lái, wǒmen yí kuàir chàng ba.
来，我们一块儿唱吧。

B：Hǎo.
好。

431
A：Nǐ kàn, tā néng zuò zhè ge gōngzuò ma?
你看，他能做这个工作吗？

B：Zhè ge gōngzuò xūyào hěn dà de tǐlì, wǒ xiǎng tā gàn bu liǎo.
这个工作需要很大的体力，我想他干不了。

432
A：Míngtiān néng bu néng cānjiā nà ge huìyì, xiànzài hái bù zhīdao.
明天能不能参加那个会议，现在还不知道。

B：Míngtiān de huìyì tīngshuō hěn zhòngyào, nǐ yàoshi bù néng qù, wǒ qù ba.
明天的会议听说很重要，你要是不能去，我去吧。

433
A：Tā zěnme bù gēn nǐ yìqǐ huílái ne?
他怎么不跟你一起回来呢？

B：Tā běnlái yě xiǎng tóng wǒ yìqǐ huílái de, yīnwèi méiyǒu fēijī zuòwèi, yào děng liǎng sān tiān.
他本来也想同我一起回来的，因为没有飞机座位，要等两三天。

434
A：Wǒ shuō zhè ge dōu shì wèile nǐmen hǎo!
我说这个都是为了你们好！

B：Bùguǎn nǐ zěnme xiǎng qīpiàn wǒmen, yě shì túláo.
不管你怎么想欺骗我们，也是徒劳。

435
A：Tā gàn de liǎo ma?
他干得了吗？

B：Yīnwèi shì ge chīlì de huór, tā gàn bù liǎo ba.
因为是个吃力的活儿，他干不了吧。

436
A：Nàge xì, zánmen kàn bu kàn?
那个戏，咱们看不看？

B：Nàyang méiyǒu yìsi de xì, zánmen bú kàn ba.
那样没有意思的戏，咱们不看吧。

437　A：甘いもの食べたいなあ。

　　　B：じゃ、すぐに何か甘いものを買って来てあげましょう。

438　A：今晩の映画鑑賞会、見に行く？

　　　B：こう寒いと、行く気がしないなあ。

439　A：君、ヨーロッパ行ったことある？

　　　B：ヨーロッパは一度旅行してみたいとずーっと思ってたんだけど、結局チャンスがなくって。

440　A：ああ、水が飲みたい！

　　　B：どっかでお茶を飲みましょう。

441　A：お宅のお子さん、もう2歳になったんですよね。

　　　B：ええ、何でもかんでも触りたがるんです。

442　A：彼女の病気よくなった？

　　　B：少しね、でもなぜか苦い苦いと言って何も食べたがらないんです。

443　A：日本の経済を研究したいんですけど、何かいい参考書はない？

　　　B：私何冊か持ってるから、この次持って来て貸してあげます。

444　A：おい、吉田、早く下りて来いよ、みんな待ってるよ。

　　　B：そんなにせかさないで。今、自転車の鍵を探してるんです。

437　A：Zhēn xiǎng chī diǎnr tián de.
　　　真 想 吃点儿 甜 的。

　　B：Nà, wǒ mǎshang gěi nǐ qù mǎi yìxie tián de lái.
　　　那，我 马上 给 你 去 买 一些 甜 的 来。

438　A：Jīntiān wǎnshang de diànyǐnghuì, nǐ qù bu qù?
　　　今天 晚上 的 电影会，你 去 不 去?

　　B：Zhème lěng, bú dà xiǎng qù le.
　　　这么 冷，不 大 想 去 了。

439　A：Nǐ dào Ōuzhōu qùguo méiyǒu?
　　　你 到 欧洲 去过 没有?

　　B：Lǎo xiǎng dào Ōuzhōu qù lǚxíng yícì, zǒngshì méi dé jīhuì.
　　　老 想 到 欧洲 去 旅行 一次，总是 没 得 机会。

440　A：Āiyā, zhēn xiǎng hē bēi shuǐ.
　　　哎呀，真 想 喝 杯 水。

　　B：Zánmen zhǎo gè dìfang hē chá ba.
　　　咱们 找 个 地方 喝 茶 吧。

441　A：Nǐmen de xiǎoháizi yǐjing liǎngsuì le ba.
　　　你们 的 小孩子 已经 两岁 了 吧。

　　B：Shì de. Tā xiànzài shénme dōu xiǎng mō yi mō.
　　　是 的。他 现在 什么 都 想 摸一摸。

442　A：Tā de bìng hǎo diǎnr le ma?
　　　她 的 病 好 点儿 了 吗?

　　B：Hǎo diǎnr le, kěshì shuō zuǐ kǔ, bú yuàn chī dōngxi.
　　　好 点儿 了，可是 说 嘴 苦，不 愿 吃 东西。

443　A：Wǒ xiǎng yánjiū yíxia Rìběn de jīngjì, yǒu méiyǒu shénme hǎo cānkǎoshū?
　　　我 想 研究 一下 日本 的 经济，有 没有 什么 好 参考书?

　　B：Wǒ yǒu jǐ běn, xiàcì dàilái jiè gěi nǐ.
　　　我 有 几本，下次 带来 借 给 你。

444　A：Wèi, Jítián, kuài xiàlái ya, dàjiā zài děng nǐ la.
　　　喂，吉田，快 下来 呀，大家 在 等 你 啦。

　　B：Bié shǐjìn cuī ya, wǒ zài zhǎo zìxíngchē de yàoshi ne.
　　　别 使劲 催 呀，我 在 找 自行车 的 钥匙 呢。

445 A：今日使わなかったのかい？

B：今日はまだ使ってないです。

446 A：ポケットの中、見たかい？

B：とっくに見ましたよ。ああっ、そうだ、きっと昨日はいていたズボンの中だ。

447 A：来週の日曜日、時間ある？

B：ないんです。子供らがしきりに動物園に行きたがるんで連れて行かなきゃいけないんです。

448 A：この子は兄貴と違って体が強くはないようだ。

B：そうらしいです。

449 A：痛みますか？

B：痛くて涙が出そうです。

450 A：聴けば聴くほど腹が立つ。早く帰ろう。

B：ちょっと待ってください。もうちょっと聴きましょう。

451 A：子供の服は大きめがいいね。

B：そうですね。

452 A：紹興酒ですから、あなたも少し召し上がってください。

B：紹興酒でしたら少しいただきましょう。

445 A：Jīntiān nǐ yòngguo méiyǒu?
今天 你 用过 没有？

B：Jīntiān wǒ háiméi yòngguo ne.
今天 我 还没 用过 呢。

446 A：Kǒudàili kàn le méiyǒu?
口袋里 看 了 没有？

B：Zǎojiù kànguo le. Āi, xiǎng qilái le, yídìng shì zài zuótiān chuān de kùzili.
早就 看过 了。哎，想 起来 了，一定 是 在 昨天 穿 的 裤子里。

447 A：Xià xīngqī tiān, nǐ yǒu shíjian ma?
下 星期 天，你 有 时间 吗？

B：Méiyǒu. Xiǎoháizi yìzhí chǎozhe yào dào dòngwùyuán qù, wǒ děi dài tāmen qù.
没有。小孩子 一直 吵着 要 到 动物园 去，我 得 带 他们 去。

448 A：Zhè háizi sìhū búxiàng tā gēge nàyang jiànzhuàng.
这 孩子 似乎 不像 他 哥哥 那样 健壮。

B：Hǎoxiàng shì.
好像 是。

449 A：Téng bu téng?
疼 不 疼？

B：Téng de jīhū yào kū le.
疼 得 几乎 要 哭 了。

450 A：Yuè tīng yuè shēngqì, kuài zǒu ba.
越 听 越 生气，快 走 吧。

B：Děng yi děng, zài tīng yìhuǐr ba.
等 一 等，再 听 一会儿 吧。

451 A：Xiǎoháizi yīfu dà yìxiē hǎo.
小孩子 衣服 大 一些 好。

B：Shì a.
是 啊。

452 A：Zhè shì shàoxīngjiǔ, nǐ yě hē yìdiǎnr ba.
这 是 绍兴酒，你 也 喝 一点儿 吧。

B：Ruòshì shàoxīngjiǔ de huà, wǒ yě hē yìdiǎnr.
若是 绍兴酒 的 话，我 也 喝 一点儿。

|453| A：彼は国会議員だよ。

B：議員が何だっていうんですか。

|454| A：僕も不合格でした。

B：少なくともあなただけは受かると思ったんですけど。

|455| A：当てに出来るかい？

B：この点に関しては大丈夫です。

|456| A：彼1日たばこ何本くらい吸うの？

B：1日2箱だって聞きました。

|457| A：彼女今日は素敵な服着てるね。

B：本当、馬子にも衣装ですね。

|458| A：この電子辞書はどこで買ったの？

B：秋葉原の免税店で買いました。

●【成語について】

　中国語の「成语 chéngyǔ」はたくさんあります。会話の中で適切な成語を使えると表現が豊かになります。日本人が中国語の成語を覚える場合、漢字文化が同じという事もあって、漢語がそのまま日本語の成語となっているものが少なくありませんので、比較的覚えやすいでしょう。短文会話で使えるような成語か ↗

453 A：Tā shì guóhuìyìyuán ne.
他 是 国会议员 呢。

B：Yìyuán suàn shá ya!
议员 算 啥 呀!

454 A：Wǒ yě méi jígé.
我 也 没 及格。

B：Wǒ běn yǐwéi zhìshǎo nǐ huì jígé.
我 本 以为 至少 你 会 及格。

455 A：Kěkào ma?
可靠 吗?

B：Zhè yìdiǎn shì kěkào de.
这 一点 是 可靠 的。

456 A：Tā yìtiān chōu duōshao zhī yān?
他 一天 抽 多少 支 烟?

B：Tīngshuō tā yì tiān chōu liǎng hér ne.
听说 他 一 天 抽 两 盒儿 呢。

457 A：Tā jīntiān chuān de zhēn piàoliang.
她 今天 穿 得 真 漂亮。

B：Zhēnshi rén shì yīshang fó shì jīnzhuāng a.
真是 人 是 衣裳 佛 是 金装 啊。

458 A：Zhè diànzǐcídiǎn shì zài nǎr mǎi de?
这 电子词典 是 在 哪儿 买 的?

B：Zài Qiūyèyuán de yìjiā miǎnshuìshāngdiàn mǎi de.
在 秋叶原 的 一家 免税商店 买 的。

ら始めて、徐々に成語の知識と量を増やしましょう。まずは中国人ならだれもが知っているようなものを覚えましょう。

一挙両得	一举两得	yì jǔ liǎng dé
喜怒哀楽	喜怒哀乐	xǐ nù āi lè
単刀直入	单刀直入	dān dāo zhí rù
一知半解	一知半解	yì zhī bàn jiě
馬耳東風	马耳东风	mǎ ěr dōng fēng
半信半疑	半信半疑	bàn xìn bàn yí

|459| A：今でもまだ売ってますか？

B：まだ売ってます。

|460| A：少し話をしてもかまいませんか？

B：はい。じゃあ、座って話しましょう

CD 1-47 |461| A：幾つか質問していいですか？

B：もちろん。

|462| A：君はどうして僕の言うことを聞かないんだい！

B：正しいことは聞きますが、間違ったことは聞けません。

|463| A：君どうしたの？

B：あなたとは話したくありません。

|464| A：君どうして彼と話したくないんだい？

B：彼はいつもホラ話ばかりしてるから、相手にしないことにしたんです。

|465| A：何を怒っているの？

B：彼また私にからんできたの、本当に嫌なやつ。

|466| A：言いたいことがあるならはっきり言えよ、何をこそこそ話してるんだ？

B：別に。

459
A：Xiànzài hái zài mài ma?
现在 还 在 卖 吗？

B：Hái zài mài.
还 在 卖。

460
A：Wǒ kěyǐ hé nǐ tán yìhuǐr ma?
我 可以 和 你 谈 一会儿 吗？

B：Hǎo de. Nà zánmen zuò xialái tán ba.
好 的。那 咱们 坐 下来 谈 吧。

461
A：Wǒ kěyǐ wèn nǐ jǐ ge wèntí ma?
我 可以 问 你 几 个 问题 吗？

B：Dāngrán kěyǐ.
当然 可以。

462
A：Nǐ zěnme bù tīng wǒ de huà ya!
你 怎么 不 听 我 的 话 呀！

B：Zhèngquè de wǒ tīng, bú zhèngquè de wǒ bù néng tīng.
正确 的 我 听，不 正确 的 我 不 能 听。

463
A：Nǐ zěnme le?
你 怎么 了？

B：Wǒ bù xiǎng gēn nǐ shuōhuà.
我 不 想 跟 你 说话。

464
A：Nǐ zěnme bù xiǎng gēn tā shuōhuà ne?
你 怎么 不 想 跟 他 说话 呢？

B：Tā měicì dōu chuīniú, wǒ zài yě bùlǐ tā le.
他 每次 都 吹牛，我 再 也 不理 他 了。

465
A：Nǐ shēng shénme qì a?
你 生 什么 气 啊？

B：Tā yòu lái chán wǒ ya. Zhēn tǎoyàn.
他 又 来 缠 我 呀。真 讨厌。

466
A：Yǒu huà dàshēng shuō, yǎo shénme ěrduo?
有 话 大声 说，咬 什么 耳朵？

B：Méiyǒu shénme.
没有 什么。

467 A：あんた達、何をたくらんでるの？

B：本当に何でもないったら。

468 A：心ここにあらずって感じだけど、どうしたの？

B：友人から借りた本をなくしてしまったんです。

469 A：どうしたらいいんだろう？

B：しょうがないから本屋で同じ本買って返すしかないですね。

470 A：ごめんなさい、不注意でこの前借りた本をなくしてしまいました。

B：そうですか。しょうがない。いいですよ。

471 A：すみません、何と言ったらいいかわかりません。

B：もういいですよ。そんなに気にしないで下さい。

472 A：それ僕に投げてよ。

B：危ないから、手渡すね。

473 A：白い紙ある？何枚かくれない？

B：何枚でもどうぞ。

474 A：張君、手を洗いたいんだけど、石鹸あるかい？

B：水道の左に置いてあります。

467 A：Nǐmen zài gǎo shénme guǐ ya?
你们 在 搞 什么 鬼 呀?

B：Zhēn de méiyǒu shénme.
真 的 没有 什么。

468 A：Hǎoxiàng xīnbúzàiyān de yàngzi, nǐ zěnme le?
好像 心不在焉 的 样子，你 怎么 了?

B：Wǒ diū le yì běn shū, shì cóng péngyou nàr jiè lái de.
我 丢 了 一 本 书，是 从 朋友 那儿 借 来 的。

469 A：Nǐ shuō wǒ gāi zěnme bàn?
你 说 我 该 怎么 办?

B：Nǐ zhǐhǎo dào shūdiàn mǎi yì běn yíyàng de lái huán gěi tā ba.
你 只好 到 书店 买 一 本 一样 的 来 还 给 他 吧。

470 A：Qǐng nǐ yuánliàng, wǒ zhēn cūxīn dàyì bǎ nǐ nàtiān
请 你 原谅， 我 真 粗心 大意 把 你 那天
jiè gěi wǒ de shū diū le.
借 给 我 的 书 丢 了。

B：Shì ma! Nà méi bànfǎ, suàn le ba.
是 嘛! 那 没 办法，算 了 吧。

471 A：Duìbuqǐ, wǒ zhēn bù zhīdao gāi zěnyàng shuō cái hǎo.
对不起，我 真 不 知道 该 怎样 说 才 好。

B：Suàn le, suàn le. Bié nàme jiè yì.
算 了，算 了。别 那么 介 意。

472 A：Bǎ tā rēng gěi wǒ ba.
把 它 扔 给 我 吧。

B：Wēixiǎn ne, dì gěi nǐ.
危险 呢，递 给 你。

473 A：Nǐ yǒu báizhǐ ma? Gěi wǒ jǐ zhāng hǎo ma?
你 有 白纸 吗? 给 我 几 张 好 吗?

B：Nǐ yào duōshao gěi nǐ duōshao.
你 要 多少 给 你 多少。

474 A：Xiǎo Zhāng, wǒ yào xǐshǒu, yǒu méiyǒu féizào?
小张， 我 要 洗手，有 没有 肥皂?

B：Zài zìláishuǐ de zuǒbiānr fàngzhe ne.
在 自来水 的 左边儿 放着 呢。

475 A：読み終わったらこの本はすぐ返します。

　　B：大丈夫、急がなくてもいいですよ。

476 A：僕の手の中に何があるか当ててみて。

　　B：食べ物でしょう。

477 A：3メートルのひもありますか？

　　B：あそこの引き出しにあるから自分で探してみてください。

478 A：このひも3メートルあるかな？足りないみたいだけど。

　　B：そう？測ってみてもらえますか。

479 A：物差しある？

　　B：ええ、ラジオの左に巻尺があります。

480 A：地下鉄は今の時間込んでるかなあ？

　　B：そうでもないでしょう。

481 A：座れる？

　　B：多分だめでしょうね。

482 A：寒くない？

　　B：ちょっと寒いから、窓を閉めましょう。

475 A：Kàn wán le wǒ mǎshang huán nǐ zhè běn shū.
看 完 了 我 马上 还 你 这 本 书。
B：Méi wèntí, nǐ mànmār kàn ba.
没 问题，你 慢慢儿 看 吧。

476 A：Nǐ cāicai wǒ shǒuli yǒu shénme?
你 猜猜 我 手里 有 什么？
B：Shì chī de dōngxi ba.
是 吃 的 东西 吧。

477 A：Yǒu sān mǐ duō cháng de shéngzi ma?
有 三 米 多 长 的 绳子 吗？
B：Zài nà ge chōutìli yǒu, nǐ zìjǐ zhǎo yíxià ba.
在 那个 抽屉里 有，你 自己 找 一下 吧。

478 A：Zhè tiáo shéngzi yǒu sān mǐ cháng ma? Hǎoxiàng búgòu shì de.
这 条 绳子 有 三 米 长 吗？ 好像 不够 似 的。
B：Shì ma? Nǐ liáng yi liáng kàn ba.
是 吗？你 量 一 量 看 吧。

479 A：Yǒu chǐzi ma?
有 尺子 吗？
B：Yǒu, shōuyīnjī zuǒbiānr yǒu yíge juǎnchǐ.
有，收音机 左边儿 有 一个 卷尺。

480 A：Dìtiě xiànzài hái yōngjǐ ma?
地铁 现在 还 拥挤 吗？
B：Bútài yōngjǐ ba.
不太 拥挤 吧。

481 A：Yǒu wèizi kěyǐ zuò ma?
有 位子 可以 坐 吗？
B：Kǒngpà bù xíng ba.
恐怕 不 行 吧。

482 A：Nǐ juéde lěng bù lěng?
你 觉得 冷 不 冷？
B：Juéde yǒudiǎnr lěng, guānshang nà ge chuānghu ba.
觉得 有点儿 冷，关上 那个 窗户 吧。

483　A：辞書ある？ちょっと貸して。

　　B：かばんに入ってるから、自分で見てみて。

484　A：昨日電話したんだけど、家の人から聞かなかった？

　　B：聞いてません。

485　A：昨日の晩の6時、どこにいたの？

　　B：6時だったらまだ家に着いてませんでした。帰る途中でした。

486　A：今日は何でこんなに寒いんだろう！

　　B：手がかじかんじゃう。こっちでストーブに当たりましょう。

487　A：「西遊記」の映画見た？

　　B：見ました。面白かったです。

488　A：「西遊記」以外にどんな中国映画見た？

　　B：けっこう見てます。特に最近見た「紅楼夢」はすごく印象に残っています。

489　A：最近少し太ったんじゃあない。

　　B：そうですか？そういえば少し太ったかもしれません。

483
A：Nǐ yǒu cídiǎn ma? Jiè gěi wǒ yòng yíxià.
你 有 词典 吗？借 给 我 用 一下。

B：Wǒ de shūbāoli yǒu. Nǐ zìjǐ dǎkāi zhǎo ba.
我 的 书包里 有。你 自己 打开 找 吧。

484
A：Zuótiān wǒ gěi nǐ dǎ diànhuà, nǐ jiāli de rén méi gàosu nǐ ma?
昨天 我 给 你 打 电话，你 家里 的 人 没 告诉 你 吗？

B：Méi gàosu wǒ.
没 告诉 我。

485
A：Zuótiān wǎnshang liù diǎn nǐ zài nǎli?
昨天 晚上 六 点 你 在 哪里？

B：Liù diǎn de huà, wǒ háiméi dào jiā, zài huíjiā de lùshang ne.
六 点 的 话，我 还没 到 家，在 回家 的 路上 呢。

486
A：Jīntiān zěnme zhème lěng ne!
今天 怎么 这么 冷 呢！

B：Lěng de shǒu dōu dòngjiāng le.
冷 得手 都 冻僵 了。

Kuàilái lúbiān kǎokao huǒ ba.
快来 炉边 烤烤 火 吧。

487
A："Xīyóujì" de diànyǐngr nǐ kàn le ma?
"西游记" 的 电影儿 你 看 了 吗？

B：Wǒ kàn le. Hěn yǒu yìsi.
我 看 了。很 有 意思。

488
A："Xīyóujì" yǐwài, nǐ hái kànguo shénme Zhōngguó diànyǐngr?
"西游记" 以外，你 还 看过 什么 中国 电影儿？

B：Wǒ kànguo bù shǎo, tèbié shì zuìjìn kàn de "Hónglóumèng" gěi wǒ liúxià le shēnkè de yìnxiàng.
我 看过 不 少，特别 是 最近 看 的 "红楼梦" 给 我 留下 了 深刻 的 印象。

489
A：Zuìjìn nǐ pàng le yìdiǎnr.
最近 你 胖 了 一点儿。

B：Shì ma? Yěxǔ pàng le diǎnr.
是 吗？也许 胖 了 点儿。

490　A：今体重どのくらい？

　　　B：最近量ってないけど、50キロぐらいだと思います。

491　A：今日は日本の農業問題について話しましょう。

　　　B：じゃあ、まずあなたから話して下さい。

492　A：皆さんは日本の農業問題は何だと思いますか？

　　　B：食糧を自給出来ないことでしょう。

493　A：それ以外に、あとどんな問題がありますか？

　　　B：ほかには後継者がいないということがあると思います。

494　A：この前、何について話しましたっけ？

　　　B：この前は日本の農業問題を話しました。

495　A：今日は何について話すことになっていましたか？

　　　B：日本の公害問題です。

496　A：次回私達は何について話しますか？

　　　B：次回は日本の教育制度について話します。

497　A：これから皆さんに日本の教育制度の問題についてお話しします。

　　　B：出来たら原稿を読まないでやって下さい。

490
A：Xiànzài nǐ tǐzhòng yǒu duōshao?
现在 你 体重 有 多少？

B：Wǒ zuìjìn méi chēngguo, kěnéng yǒu wǔ shí gōngjīn zuǒyòu ba.
我 最近 没 称过， 可能 有 五 十 公斤 左右 吧。

491
A：Jīntiān wǒmen jiù Rìběn de nóngyè wèntí lái tántan ba.
今天 我们 就 日本 的 农业 问题 来 谈谈 吧。

B：Nà, xiān yóu nǐ lái tántan, hǎo ma?
那，先 由 你 来 谈谈， 好 吗？

492
A：Dàjiā shuō Rìběn yǒu shénmeyàng de nóngyè wèntí ne?
大家 说 日本 有 什么样 的 农业 问题 呢？

B：Yí ge jiùshi liángshi bùnéng zìjǐzìzú de wèntí ba.
一 个 就是 粮食 不能 自给自足 的 问题 吧。

493
A：Chúle zhè ge wèntí yǐwài, háiyǒu shénme wèntí ne?
除了 这 个 问题 以外， 还有 什么 问题 呢？

B：Wǒ xiǎng háiyǒu nóngcūn méiyǒu hòujìrén de wèntí.
我 想 还有 农村 没有 后继人 的 问题。

494
A：Shàngcì wǒmen tán le shénme wèntí?
上次 我们 谈 了 什么 问题？

B：Shàngcì wǒmen tán le Rìběn de nóngyè wèntí.
上次 我们 谈 了 日本 的 农业 问题。

495
A：Jīntiān wǒmen dìng le yào tán shénme wèntí?
今天 我们 定 了 要 谈 什么 问题？

B：Jīntiān wǒmen yào tán Rìběn de gōnghài wèntí.
今天 我们 要 谈 日本 的 公害 问题。

496
A：Xiàcì wǒmen yào tán shénme wèntí?
下次 我们 要 谈 什么 问题？

B：Xiàcì wǒmen yào tán Rìběn de jiàoyù zhìdù wèntí.
下次 我们 要 谈 日本 的 教育 制度 问题。

497
A：Xiànzài wǒ xiàng dàjiā jièshao yíxia Rìběn de jiàoyù zhìdù wèntí.
现在 我 向 大家 介绍 一下 日本 的 教育 制度 问题。

B：Zuìhǎo nǐ bú yào zhào gǎozi niàn ne.
最好 你 不 要 照 稿子 念 呢。

498 A：現行の入学試験は知識偏重になりすぎています。

B：はい。私もいわゆる点数第一の傾向には賛成出来ません。

499 A：現行の入学試験制度は問題があります。

B：はい。それについては我々の意見は一致しています。

500 A：じゃあ、君は入学試験制度は要らないと思うんですか？

B：要らないと言ってるわけではありません。やっぱり必要です。

501 A：君にお客さんだよ、早く行って。

B：はい、すぐ行きます。

502 A：今友達から電話が来て、すぐ行かなきゃいけません。

B：そうですか。じゃあ引き止めちゃ悪いですね。明日会いましょう。

■【暗記について】

　私はいわゆる暗記はあまりお勧めしません。もしあなたが楽しく声を出して暗記出来るのでしたら、それは一番よいと思いますが、きっとあまり楽しくないと思います。上達する楽しさを感じられる暗記ならば賛成です。私が推奨する ↗

498
A：现行的入学考试太偏重知识了。
B：对。我也不能赞成所谓分数第一的倾向。

499
A：现行的入学考试制度有问题。
B：对。在这一点上，我们的意见是完全一致的。

500
A：那你说入学考试制度不要吗？
B：我并不是说不要，这还是必要的。

501
A：有人找你来了，你快去吧。
B：好，我马上就去。

502
A：刚才我的朋友来电话，我马上得走。
B：是嘛！那我不留你了。明天见。

のは、たくさんリピートやシャドウイング練習を繰り返して、自然に口をついて言葉が出てくるようになることです。まる暗記とは微妙に違います。

503 A：もう間に合わないよ。早く行こう。

B：せかさないでください。そんなに急がなくても間に合いますよ。

504 A：君の時計は絶対遅れてるよ。僕のは今6時10分だよ。

B：本当！じゃあ早く行きましょう。

505 A：本当にいい天気ですよね。

B：本当、最高ですね。

506 A：こんなに雨が降った後で急に晴れると、すがすがしいね。

B：本当ですね。

507 A：彼女いますか？

B：たった今出かけたところです。夕方帰ると言ってました。

508 A：彼女に何かご用ですか？伝言しましょうか？

B：特に用事はないんです。私が来たことを伝えて下されば結構です。

509 A：早く結婚しすぎると勉強や仕事に支障を来たすと思いませんか？

B：そうとも限らないでしょう。

503 A：Yěxǔ láibují ne. Gǎnkuài zǒu ba.
也许 来不及 呢。赶快 走 吧。

B：Bié cuī wǒ. Máng shénme, hái láidejí ne.
别 催 我。忙 什么，还 来得及 呢。

504 A：Kěndìng nǐ de biǎo mànle. Wǒ de biǎo xiànzài dōu liù diǎn guò shí fēn le.
肯定 你 的 表 慢了。我 的 表 现在 都 六 点 过 十 分 了。

B：Shì ma! Nà zánmen gǎnkuài zǒu ba.
是 嘛！那 咱们 赶快 走 吧。

505 A：Tiānqì kě zhēn hǎo a!
天气 可 真 好 啊！

B：Zhēnde, bùnéng zài hǎo le.
真的，不能 再 好 了。

506 A：Yì chǎng dàyǔ guò hòu, tiānqì yíxiàzi zhuǎnqíng, kōngqì kě zhēn qīngshuǎng a.
一 场 大雨 过 后，天气 一下子 转晴， 空气 可 真 清爽 啊。

B：Kě bu shì ma!
可 不 是 嘛！

507 A：Tā zài ma?
她 在 吗？

B：Tā gāng chūqù le. Shuōshì wǎnshang huílái.
她 刚 出去 了。说是 晚上 回来。

508 A：Nǐ zhǎo tā yǒu shénme shìr? Yào bu yào gěi tā liú ge kǒuxìn?
你 找 她 有 什么 事儿？要 不 要 给 她 留 个 口信？

B：Méiyǒu shénme tèbié de shìqing, qǐng gàosu tā wǒ láiguo jiù kěyǐ le.
没有 什么 特别 的 事情，请 告诉 她 我 来过 就 可以 了。

509 A：Guòzǎo jiéhūn huì fáng'ài xuéxí hé gōngzuò, nǐ shuō duì ma?
过早 结婚 会 妨碍 学习 和 工作，你 说 对 吗？

B：Nà dào bù yídìng ba.
那 倒 不 一定 吧。

510　A：君の恋人選びの条件は何？

　　　B：容貌、性格、趣味、財産です。でも一番大切なのは人柄で、人柄がよければいいです。

511　A：張君、かけなよ。

　　　B：いいえ、次の駅で乗り換えますから、いいです。あなたがおかけください。

512　A：君の所に行こうと思うんだけど、何曜日があいてる？

　　　B：水曜日は何もないから、来てください。

513　A：王さん、このネクタイどうですか？

　　　B：いいですね！デザインも新しいし、柄もモダンですね。

514　A：つまらない物ですが、お受け取り下さい。

　　　B：ありがとう。

515　A：今日はあなたの誕生日でしょう！

　　　B：ああ、自分のことなのに忘れてた。

516　A：簡単な用意がしてありますから、お祝いしましょう。

　　　B：みんな、本当にありがとう。

510
A：Nǐ xuǎn duìxiàng de tiáojiàn shì shénme?
你选对象的条件是什么?
B：Xiàngmào、xìnggé、àihào、cáichǎn děng, búguò zuì zhòngyào de háishi rénpǐn, rénpǐn hǎo jiù xíng.
相貌、性格、爱好、财产等，不过最重要的还是人品，人品好就行。

511
A：Xiǎo Zhāng, nǐ zuò ba.
小张，你坐吧。
B：Bù, xià yí zhàn wǒ jiù děi huànchē, wǒ bú zuò. Nǐ zuò ba.
不，下一站我就得换车，我不坐。你坐吧。

512
A：Wǒ xiǎng zhǎo nǐ qù, xīngqī jǐ nǐ yǒu kòng?
我想找你去，星期几你有空?
B：Xīngqī sān wǒ zhènghǎo méi shìr, nǐ lái ba.
星期三我正好没事儿，你来吧。

513
A：Lǎo Wáng, zhè tiáo lǐngdài nǐ kàn zěnmeyàng?
老王，这条领带你看怎么样?
B：Hǎojí le! Búdàn kuǎnshì xīn, huāyàng yě rùshí.
好极了! 不但款式新，花样也入时。

514
A：Zhè shì yìdiǎnr xiǎo yìsi, qǐng shōuxia ba.
这是一点儿小意思，请收下吧。
B：Xièxie.
谢谢。

515
A：Jīntiān bú shì nǐ de shēngrì ma!
今天不是你的生日吗!
B：Yā, wǒ zìjǐ dōu wàng le.
呀，我自己都忘了。

516
A：Wǒmen zhǔnbèi le yìxiē jiǔcài, yìqǐ zhùhè yíxià ba.
我们准备了一些酒菜，一起祝贺一下吧。
B：Tài gǎnxiè nǐmen le.
太感谢你们了。

517　A：帰る時ついでにこの手紙を出して下さい。

　　　B：分かりました。

518　A：今日はお忙しいところわざわざ私達の討論会にご出席いただき、ありがとうございました。

　　　B：どういたしまして。これからも機会があればこんな有意義な討論会を開きましょう。

519　A：去年私たちのクラスの学生は8名しかいませんでしたが、今は16名います。随分増えました。

　　　B：ええ。倍になりました。

520　A：去年私たちのクラスの学生は8名でしたが、今は4名しかいません。随分減りました。

　　　B：はい。半分になりました。

521　A：兎と亀の話から私たちは何を学べるのでしょうか？

　　　B：驕り高ぶると必ず失敗するということです。

522　A：君、中国語のラジオ放送、聞き取れる？

　　　B：まだ中国語の力がないんで、大体の意味しか分かりません。

517 A：请你回家时，顺便把这封信给我寄掉，好吗？
B：好的。

518 A：谢谢你今天在百忙中特意来参加我们的讨论会。
B：哪儿的话。今后有机会，我们再来开这样有意义的讨论会吧。

519 A：去年我们班的学生只有八个，现在有十六个，增加了不少。
B：是啊，增加了一倍了。

520 A：去年我们班的学生有八个，现在只有四个，减少了不少。
B：是啊，减少了一半儿了。

521 A：乌龟和兔子的故事告诉我们什么呢？
B：这个故事告诉我们骄傲自满一定要失败。

522 A：你能听懂中文广播吗？
B：我的汉语水平还比较差，只能听懂大概的意思。

523 A：君は今どうして中国へ行けないんですか？

B：仕事を始めてまだ１年にならないので、長期休暇が取れないんです。

524 A：李さん、日本は今回初めてだそうですが、これからはぜひ何回もいらして下さい。

B：どうも、機会があれば必ずまた伺います。

525 A：私はすごく中国へ行ってみたいんですが、まだ行ったことがないんです。

B：ぜひ機会を作って来て下さい。歓迎します。

526 A：当日はどこで待ち合わせましょうか？

B：夕方６時に水道橋の東口で会いましょう。

527 A：あの映画はとても面白くて、俳優の演技もうまいということです。

B：じゃあ見逃せないですね。私も見に行くことにします。

528 A：顔色悪いね。風邪引いたの？医者に診てもらった？

B：そんな大げさに言わないで下さい。２、３日すれば治ります。

523　A：Nǐ shuō xiànzài nǐ wèi shénme bù néng qù Zhōngguó ne?
　　　你说现在你为什么不能去中国呢?

　　　B：Yīnwèi gōngzuò kāishǐ hái bú dào yìnián, bù néng qǐng chángjià.
　　　因为工作开始还不到一年，不能请长假。

524　A：Lǐ xiānsheng, tīngshuō nín zhè cì shì dì yī cì dào Rìběn,
　　　李先生，听说您这次是第一次到日本，
　　　huānyíng jīnhòu duō lái.
　　　欢迎今后多来。

　　　B：Xièxie, yǒu jīhuì wǒ yídìng zài lái.
　　　谢谢，有机会我一定再来。

525　A：Wǒ hěn xiǎng qù Zhōngguó, kěshì hái méi qùguo.
　　　我很想去中国，可是还没去过。

　　　B：Nà nǐ zhēngqǔ jīhuì qù yí cì ba. Wǒmen huānyíng nǐ dào
　　　那你争取机会去一次吧。我们欢迎你到
　　　Zhōngguó lái.
　　　中国来。

526　A：Dāngtiān wǒmen zài nǎr jiànmiàn ne?
　　　当天我们在哪儿见面呢?

　　　B：Wǎnshang liù diǎn zhōng zài Shuǐdàoqiáo dōngkǒu jiànmiàn ba.
　　　晚上六点钟在水道桥东口见面吧。

527　A：Tīngshuō nà bù diànyǐng hěn yǒu yìsi, yǎnyuán yě yǎnde
　　　听说那部电影很有意思，演员也演得
　　　fēicháng hǎo.
　　　非常好。

　　　B：Nà bù néng cuòguo. Wǒ yě yào qù kàn.
　　　那不能错过。我也要去看。

528　A：Nǐ de qìsè bú dà hǎo. Shì bu shì zháo le liáng le?
　　　你的气色不大好。是不是着了凉了?
　　　Qǐng yīshēng kàn le ma?
　　　请医生看了吗?

　　　B：Búbì nàme xiǎotí dàzuò, guò liǎng tiān jiù huì hǎo de.
　　　不必那么小题大作，过两天就会好的。

529 A：ゆうべ帰り道で財布を落として、随分探したんだけど見つからなくて、すごく寒かったから、風邪引いちゃったみたいだ。

B：俗に「持つべき物は持っても病気だけは持つな、持つべき物がなくても金だけは持っていろ」と言いますよ。

530 A：具合はよくなりましたか？

B：以前よりだいぶよくなりました。

531 A：比べてみて。

B：甲乙つけがたいですね、いい勝負です。

532 A：決して彼を甘く見てはいけないよ。

B：分かってますよ。でもまだ私のほうが上です。

533 A：僕のほうが彼女より１歳上なんだ。

B：そうだったんだ！

534 A：きみの中国語は彼女と比べてどうなの？

B：彼女すごすぎて、とてもかないません。

535 A：それよりいいものはないですか？

B：多分ないでしょうね。

529 A：Zuótiān wǎnshang zài huíjiā de lùshang, wǒ diū le qiánbāo, zhǎole bàntiān méi zhǎodao, yīnwèi wàibian hěn lěng, hǎoxiang zháo le diǎnr liáng.
昨天 晚上 在 回家 的 路上，我 丢 了 钱包，找了 半天 没 找到，因为 外边 很 冷，好像 着 了 点儿 凉。

B：Nǐ yào zhīdao, súhuà shuō "yǒu shénme yě bié yǒu bìng, méi shénme yě bié méi qián".
你 要 知道，俗话 说 "有 什么 也 别 有 病，没 什么 也 别 没 钱"。

530 A：Hǎo diǎnr le ma?
好 点儿 了 吗？

B：Bǐ yǐqián hǎo duō le.
比 以前 好 多 了。

531 A：Bǐ bǐ kàn.
比 比 看。

B：Bùfēn shàngxià, qígǔ xiāngdāng.
不分 上下，旗鼓 相当。

532 A：Nǐ kě bié xiǎokàn tā.
你 可 别 小看 他。

B：Wǒ zhīdao. Búguò tā xiànzài hái bù rú wǒ.
我 知道。不过 他 现在 还 不 如 我。

533 A：Wǒ bǐ tā dà yí suì.
我 比 她 大 一 岁。

B：Ò, yuánlái shì zhèyang!
哦，原来 是 这样！

534 A：Nǐ de Hànyǔ bǐ tā zěnmeyàng?
你 的 汉语 比 她 怎么样？

B：Tā tài lìhai le, wǒ kě bǐ bushàng tā.
她 太 厉害 了，我 可 比 不上 她。

535 A：Yǒu méiyǒu bǐ tā gèng hǎo de?
有 没有 比 它 更 好 的？

B：Gūjì méiyǒu.
估计 没有。

536 A：あの人は金持ってるからな！

B：金があるからってどうだっていうんですか！

537 A：君にはこんなによくしてやってるのに！

B：ええ。あなたは本当に友達がいがあります。

538 A：本当に大したもんだね！

B：ええ。全く大したものです！

539 A：あなたの中国語はどうしてそんなにうまいんですか！

B：いいえ、まだまだです。

540 A：彼はとてもいい人だね！

B：ええ。明るい人です。

541 A：この子は本当にわんぱくだね。

B：そうですね。

542 A：子供は正直だね！

B：ええ、子供は無邪気だからかわいいですね。

543 A：彼は誠実で人当たりがいいね。

B：でもちょっと真面目すぎるきらいがあります！

536
A：人家钱多呀！
Rénjiā qián duō ya!
B：钱多有什么！
Qián duō yǒu shénme!

537
A：我对你这么好！
Wǒ duì nǐ zhème hǎo!
B：对，你真够朋友。
Duì, nǐ zhēn gòu péngyou.

538
A：真了不起！
Zhēn liǎo bu qǐ!
B：对，实在了不起！
Duì, shízài liǎo bu qǐ!

539
A：你的汉语讲得怎么这么好！
Nǐ de Hànyǔ jiǎng de zěnme zhème hǎo!
B：不，马马虎虎。
Bù, mǎmǎhūhū.

540
A：他那个人人挺好。
Tā nà ge rén rén tǐng hǎo.
B：对。是一个性格开朗的人。
Duì. Shì yí ge xìnggé kāilǎng de rén.

541
A：这个孩子真淘气。
Zhège háizi zhēn táoqì.
B：是啊。
Shì a.

542
A：小孩儿说实话！
Xiǎoháir shuō shíhuà!
B：对，他们天真无邪，所以可爱。
Duì, tāmen tiānzhēn wúxié, suǒyǐ kě'ài.

543
A：他为人诚实，平易近人。
Tā wéi rén chéngshi, píngyìjìnrén.
B：不过我觉得他有点太老实啊！
Búguò wǒ jué de tā yǒudiǎn tài lǎoshí a!

544 A:彼女は涙もろくて閉口する。

B:彼女感情が豊かですから。

545 A:あの人来たと思ったら何も言わないで行っちゃった。

B:ほんとですね！一体何しに来たんだろう？

546 A:彼は私のことをだましたんだよ！

B:だから彼はだめだって言ったのに！

547 A:本当に卑怯だ！

B:ほんとに頭にきます！

548 A:まだ僕のこと怒っているかい？

B:ぜんぜん怒ってません。

549 A:あの人達恋人同志なのかな？

B:いいえ、片思いです。

● 【性格】

性格を表す言葉には以下のようなものがあります。

温柔 wēnróu おとなしい、優しい	开朗 kāilǎng 明るい、朗らか
天真 tiānzhēn 無邪気、あどけない	善良 shànliáng 善良
朴实 pǔshí 真面目、質素	纯朴 chúnpǔ 純朴、素朴
诚实 chéngshi 誠実	老实 lǎoshi 正直,真面目、おとなしい
调皮 tiáopí わんぱく、いたずら	大胆 dàdǎn 大胆
直爽 zhíshuǎng 率直、さっぱりした	死心眼儿 sǐxīnyǎnr 一本気、頑固
耿直 gěngzhí まっすぐ、正直	粗暴 cūbào 荒っぽい、粗暴

544 A：她 动 不 动 就 流 眼泪，真 没 办法。
Tā dòngbu dòng jiù liú yǎnlèi, zhēn méi bànfǎ.

B：因为 她 感情 很 丰富。
Yīnwèi tā gǎnqíng hěn fēngfù.

545 A：他 来 了 没 说 什么 就 走 了。
Tā lái le méi shuō shénme jiù zǒu le.

B：是 啊! 他 到底 来 干 吗 呢?
Shì a! Tā dàodǐ lái gàn má ne?

546 A：他 骗 我 了!
Tā piàn wǒ le!

B：我 早 跟 你 说过 他 不 好 嘛!
Wǒ zǎo gēn nǐ shuōguo tā bù hǎo ma!

547 A：真 卑鄙!
Zhēn bēibǐ!

B：真 气 人!
Zhēn qì rén!

548 A：你 现在 还 生 我 的 气 吗?
Nǐ xiànzài hái shēng wǒ de qì ma?

B：一点儿 也 没有。
Yìdiǎnr yě méiyǒu.

549 A：他们 是 对 恋人 吗?
Tāmen shì duì liànrén ma?

B：不，是 单相思。
Bù, shì dānxiāngsī.

卑鄙　bēibǐ　卑怯、卑劣　　　　　狡猾　jiǎohuá　ずるい、こすい
厚脸皮　hòuliǎnpí　面の皮が厚い、ふてぶてしい
顽固　wángù　頑固　　　　　　　　刚强　gāngqiáng　きつい、勝ち気

普通よく以下のように表現します。

她性格温柔。	Tā xìnggé wēnróu.	彼女は性格が優しい。
她是个温柔的人。	Tā shì ge wēnróu de rén.	彼女は優しい人だ。
她性情温柔。	Tā xìngqíng wēnróu.	彼女の性格は優しい。
温柔的性情。	Wēnróu de xìngqíng.	優しい性格。

550 A：君、どうしてそのことを知ってるの？

B：私って情報通だからね！

551 A：どうも君は怪しいな。

B：何が怪しいんですか？

552 A：このことはどうなると思う？

B：多分いい結果にはならないでしょう。

553 A：君、彼女に同情する？

B：いいえ、全然！

554 A：ちょっと相談があるんだけど。

B：いいですよ。

555 A：夕方6時に向かいの喫茶店で待ってます。

B：分かりました。

556 A：ああ、巨人ファンですか！

B：はい。生粋の巨人ファンです。

557 A：昨日の巨人‐中日戦見ましたか？

B：もちろん見ました。

550
A：Nǐ zěnme zhīdao zhège ne?
你 怎么 知道 这个 呢?

B：Wǒ xiāoxi gòulíngtōng de ba.
我 消息 够灵通 的 吧。

551
A：Wǒ kàn nǐ yǒu diǎnr kěyí.
我 看 你 有 点儿 可疑。

B：Nǎ diǎnr kěyí?
哪 点儿 可疑?

552
A：Nǐ kàn zhè jiàn shìr huì zěnme yàng?
你 看 这 件 事儿 会 怎么 样?

B：Kěnéng méiyǒu hǎo de jiéguǒ.
可能 没有 好 的 结果。

553
A：Nǐ tóngqíng tā ma?
你 同情 她 吗?

B：Yìdiǎnr yě bù!
一点儿 也 不!

554
A：Wǒ yǒu diǎn shìr xiǎng gēn nǐ shāngliang yíxià.
我 有 点 事儿 想 跟 你 商量 一下。

B：Hǎo de.
好 的。

555
A：Wǎnshang liù diǎn wǒ zài duìguòr de kāfēiguǎn děng nǐ.
晚上 6 点 我 在 对过儿 的 咖啡馆 等 你。

B：Míngbai le.
明白 了。

556
A：Ò, nǐ shì Jùrén mí a!
哦, 你 是 巨人 迷 啊!

B：Duì. Wǒ shì yí ge míngfù qíshí de Jùrén mí.
对。我 是 一 个 名副 其实 的 巨人 谜。

557
A：Zuótiān Jùrén duì hé Zhōngrì duì yǒu bǐsài, nǐ kàn le ma?
昨天 巨人 队 和 中日 队 有 比赛, 你 看 了 吗?

B：Dāngrán kàn le.
当然 看 了。

558 A：昨日巨人は中日に負けましたね。

B：はい。とても残念でした。

559 A：中国へは旅行で行ったのですか？

B：いいえ、短期留学です。

560 A：ああ、そうでしたか。

B：はい、そうです。

561 A：札幌で何年暮らしましたか？

B：2年半暮らしました。

562 A：札幌ってどんなとこですか？

B：山紫水明、風光明媚で美しい大都市です。

563 A：あなたは大阪の方だそうですね。

B：はい。大阪生まれの大阪育ちです。

564 A：東京と大阪では食事の面で違いますか？

B：違います。

565 A：どう違いますか？

B：東京の人は濃い味が好きですが、大阪は薄味です。

558 A：Zuótiān Jùrén shū gěi Zhōngrì le.
昨天 巨人 输 给 中日 了。

B：Duì. Tài yíhàn le.
对。太 遗憾 了。

559 A：Nǐ dào Zhōngguó, shì qù lǚyóu de ma?
你 到 中国，是 去 旅游 的 吗？

B：Bù, shì duǎnqī liúxué.
不，是 短期 留学。

560 A：Ò, yuánlái shì zhèyang.
哦，原来 是 这样。

B：Duì, shì zhèyang.
对，是 这样。

561 A：Nǐ zài Zháhuǎng zhùle jǐ nián?
你 在 札幌 住了 几 年？

B：Wǒmen zài nàlǐ zhùle liǎng nián bàn.
我们 在 那里 住了 两 年 半。

562 A：Nǐ shuō Zháhuǎng shì ge shénmeyàng de dìfang ne?
你 说 札幌 是 个 什么 样 的 地方 呢？

B：Shì ge fēngguāng míngmèi、shānqīng shuǐxiù de dàchéngshì.
是 个 风光 明媚、山清 水秀 的 大城市。

563 A：Tīngshuō nǐ shì ge Dàbǎnrén.
听说 你 是 个 大阪人。

B：Duì, Wǒ shēngzài Dàbǎn, zhǎngzài Dàbǎn.
对，我 生在 大阪，长在 大阪。

564 A：Dōngjīng hé Dàbǎn yǐnshí xíguàn bù yíyàng ma?
东京 和 大阪 饮食 习惯 不 一样 吗？

B：Bù yíyàng.
不 一样。

565 A：Yǒu shénme qūbié ne?
有 什么 区别 呢？

B：Dōngjīngrén xǐhuan nóng de wèidào, Dàbǎnrén xǐhuan dàn de wèidào.
东京人 喜欢 浓 的 味道，大阪人 喜欢 淡 的 味道。

566　A：大阪の料理はどんな特徴があるんでしょう？

　　　B：大阪は味が薄くて、食材の風味を大事にします。

567　A：ご趣味は何ですか？

　　　B：音楽、読書、映画鑑賞、水泳、スキー等です。

568　A：随分多趣味なんですね！

　　　B：今一番好きなのは歌を歌うことです。

569　A：そうなんですか！

　　　B：最近よく一人で口ずさんでます。

570　A：素晴らしいですね！

　　　B：歌っていると煩わしいことをみんな忘れられるんです。

571　A：うちでは犬を1匹飼っています。マイケルといいます。

　　　B：うちにもスバルというのがいます。

572　A：利口な犬ですか？

　　　B：かわいくて利口です。

573　A：彼との仲はどうなのですか？

　　　B：彼とは特に親しくしています。

566 A：Dàbǎncài yǒu shénme tèdiǎn ne?
大阪菜 有 什么 特点 呢？

B：Dàbǎncài wèidào qīngdàn, néng bǎochí shípǐn cáiliào yuánlái de fēngwèi.
大阪菜 味道 清淡，能 保持 食品 材料 原来 的 风味。

567 A：Nǐ de àihào shì shénme?
你 的 爱好 是 什么？

B：Yīnyuè、dúshū、kàn diànyǐng、yóuyǒng、huáxuě děng.
音乐、读书、看 电影、游泳、滑雪 等。

568 A：Ò, nǐ yǒu zhème duō àihào!
哦，你 有 这么 多 爱好！

B：Qízhōng, xiànzài wǒ zuì xǐ'ài de suàn shì chànggē.
其中，现在 我 最 喜爱 的 算 是 唱歌。

569 A：Ò, shì zhèyang!
哦，是 这样！

B：Zuìjìn wǒ jīngcháng yí ge rén hēng zhe chàng.
最近 我 经常 一 个 人 哼 着 唱。

570 A：Hǎo jí le!
好 极 了！

B：Chàng qǐ gē lái, nénggòu bǎ yíqiè fánnǎo dōu wàngdiào.
唱 起 歌 来，能够 把 一切 烦恼 都 忘掉。

571 A：Wǒ jiā yǎngzhe yì zhī gǒu, míngzi jiào Màikè'ěr.
我 家 养着 一 只 狗，名字 叫 迈克尔。

B：Wǒ jiāli yě yǒu yì zhī gǒu, míng jiào "Sībārú".
我 家里 也 有 一 只 狗，名 叫 "斯巴如"。

572 A：Tā cōngming bu cōngming?
它 聪明 不 聪明？

B：Tā fēicháng cōngming kě'ài.
它 非常 聪明 可爱。

573 A：Nǐ gēn tā guānxi zěnmeyàng?
你 跟 他 关系 怎么样？

B：Wǒ gēn tā tèbié qīnmì.
我 跟 他 特别 亲密。

574 A：最近彼どうして来ないんでしょう？

B：最近私とあまりうまくいっていないんです。

575 A：彼女はどうして一人で帰ったんだろう？

B：私が一言言っただけで顔をこわばらせちゃいました。

576 A：彼女は今日話し方が少し硬かったね。

B：私にもとげとげしい口調で話しました。

577 A：間違って彼女のノートパソコンを壊してしまった。

B：ええっ！それはひどい。

578 A：彼女はいつもせわしないね。

B：少しせっかちなところがあります。

579 A：彼女は課長になったばかりだから、忙しいんだ。

B：彼女みたいに忙しかったらたまらないですね。

580 A：彼はどうしたんだろう？

B：ついはずみで上司を殴ってしまったんです。

581 A：むやみに展示品に触らないようにして下さい。

B：はい、分かりました。

574
A：最近他怎么不来呢？
Zuìjìn tā zěnme bù lái ne?
B：我最近和他关系有点儿不太好。
Wǒ zuìjìn hé tā guānxi yǒu diǎnr bù tài hǎo.

575
A：她怎么一个人回去了呢？
Tā zěnme yí ge rén huíqù le ne?
B：我说了她一句，她马上就板起了面孔。
Wǒ shuō le tā yí jù, tā mǎshang jiù bǎn qǐ le miànkǒng.

576
A：她今天说话态度有点儿生硬。
Tā jīntiān shuōhuà tàidù yǒu diǎnr shēngyìng.
B：她用带刺儿的口气对我说话。
Tā yòng dài cìr de kǒuqì duì wǒ shuōhuà.

577
A：我不小心把她的笔记本电脑弄坏了。
Wǒ bù xiǎoxīn bǎ tā de bǐjìběndiànnǎo nòng huài le.
B：哎呀！你太过分了。
Āiyā! Nǐ tài guòfen le.

578
A：她总是忙忙碌碌的。
Tā zǒngshì mángmánglùlù de.
B：她有点儿性急。
Tā yǒu diǎnr xìngjí.

579
A：她刚当了科长，工作很忙。
Tā gāng dāng le kēzhǎng, gōngzuò hěn máng.
B：象她这样忙可受不了。
Xiàng tā zhèyang máng kě shòu bu liǎo.

580
A：他怎么了？
Tā zěnme le?
B：一时冲动，动手打了上司。
Yìshí chōngdòng, dòngshǒu dǎ le shàngsī.

581
A：请不要乱摸展品。
Qǐng bú yào luànmō zhǎnpǐn.
B：好，我知道了。
Hǎo, wǒ zhīdao le.

582　A：太った人が慌てて入ってきましたよ。

　　B：あれは私の主人です。

583　A：張君はOKしたかい？

　　B：けんもほろろに断られました。

584　A：あの人は冷酷だ。

　　B：私には彼のような薄情なまねは出来ません。

585　A：王さんは謙虚ですね。

　　B：でも張君は傲慢ですね。

586　A：王さんは穏やかで親しみやすいね。

　　B：でも張君はいつも偉ぶってますね。

587　A：女学生が3人しゃべったり笑ったりしながらこっちに来る。

　　B：あの子たち知ってます。

●【態度】

人の態度を表す基本的な単語を覚えておきましょう。

友好	yǒuhǎo	友好的な	不友好	bù yǒuhǎo	友好的でない
热情	rèqíng	親切な	薄情	bóqíng	薄情な
谦虚	qiānxū	謙虚な	傲慢	àomàn	傲慢な
积极	jījí	積極的な	消极	xiāojí	消極的な

582 A：一个胖胖的人急急忙忙地进来了。
　　Yí ge pàngpàng de rén jíjímángmáng de jìn lái le.
B：他是我爱人。
　　Tā shì wǒ àirén.

583 A：小张答应了没有?
　　Xiǎo Zhāng dāyìng le méiyǒu?
B：他毫不理睬地拒绝了。
　　Tā háo bù lǐcǎi de jùjué le.

584 A：那个人冷酷无情。
　　Nà ge rén lěngkù wúqíng.
B：我可干不出他那样薄情的事儿。
　　Wǒ kě gàn bu chū tā nàyang bóqíng de shìr

585 A：老王态度谦虚。
　　Lǎo Wáng tàidù qiānxū.
B：小张态度傲慢。
　　Xiǎo Zhāng tàidù àomàn.

586 A：老王和蔼可亲, 平易近人。
　　Lǎo Wáng hé'ǎi kěqīn, píngyì jìnrén.
B：小张爱摆臭架子。
　　Xiǎo Zhāng ài bǎi chòu jiàzi.

587 A：三个女学生说说笑笑地走过来了。
　　Sān ge nǚxuésheng shuōshuōxiàoxiào de zǒuguò lái le.
B：我认识她们呢。
　　Wǒ rènshi tāmen ne.

和蔼	hé'ǎi	穏やかな	冷淡	lěngdàn	冷淡な
客气	kèqi	遠慮ぶかい	失礼	shīlǐ	失礼な
密切	mìqiè	密接な	疏远	shūyuǎn	疎遠な
亲切	qīnqiè	愛想がいい	不和气	bù hé qi	無愛想だ
严格	yángé	厳しい	残酷	cánkù	残酷な
从容不迫	cóngróngbúpò	落ち着き払って慌てない			

588 A：冗談？それとも本当？

B：冗談ですよ。

589 A：彼女はどうして怒ったんですか？

B：私の言った冗談を真に受けたんです。

590 A：赤ちゃんの笑顔は可愛いね。

B：全くですね！

591 A：彼ちょっとひどいよね。

B：ええ、真顔で嘘を言いますから。

592 A：白人は表情豊かだね！

B：表現の仕方が違いますから。

593 A：彼はいつも人の顔色をうかがって話すね。

B：前はそんな事なかったんだけど。

594 A：あなたはどうも一筋縄では行かないねえ。

B：どう致しまして。あなたの足元にも及びませんけど。

595 A：彼女、浮かない顔してるね。

B：何か気になることがあるのかも。

588 A：Shì dàngzhēn háishi kāi wánxiào?
是 当真 还是 开 玩笑？

B：Shì kāi wánxiào ya.
是 开 玩笑 呀。

589 A：Tā zěnme shēngqì le ne?
她 怎么 生气 了 呢？

B：Wǒ kāi wánxiào shuō de, tā dàngzhēn le.
我 开 玩笑 说 的，她 当真 了。

590 A：Xiǎo wáwa de xiàoliǎn zhēn kě'ài.
小 娃娃 的 笑脸 真 可爱。

B：Jiùshì a!
就是 啊！

591 A：Tā zhēn yǒu diǎnr guòfen.
他 真 有 点儿 过分。

B：Duì. Bǎnzhe liǎn sāhuǎng.
对。板着 脸 撒谎。

592 A：Báizhǒngrén biǎoqíng fēngfù!
白种人 表情 丰富！

B：Biǎodá xíguàn bù yíyàng ma.
表达 习惯 不 一样 嘛。

593 A：Tā zǒngshì kàn rén liǎnsè shuōhuà.
他 总是 看 人 脸色 说话。

B：Yǐqián tā kě bú nàyang.
以前 他 可 不 那样。

594 A：Nǐ zhēn yǒu diǎnr bù hǎo duìfu.
你 真 有 点儿 不 好 对付。

B：Nǎr de huà, yuǎn bù rú nǐ.
哪儿 的 话，远 不 如 你。

595 A：Tā xiǎndé mènmèn bú lè.
她 显得 闷闷 不 乐。

B：Yě bù zhīdao yǒu shénme xīnshìr.
也 不 知道 有 什么 心事儿。

596　A：張君、このところ何か必死で書いてますね。

　　　B：彼が小説書くなんて、本当に笑っちゃいます。

597　A：シェークスピアの作品は好きですか？

　　　B：好きです。

598　A：シェークスピアのどの作品が好きですか？

　　　B：「ロミオとジュリエット」が好きです。

599　A：ゲーテの「若きウェルテルの悩み」は読みましたか？

　　　B：読みました。

600　A：これは有名な彫刻ですね！

　　　B：はい。これはロダンの「考える人」です。

601　A：ロダンはいつの時代の人ですか？

　　　B：19世紀中頃から20世紀初めです。

■【文法について】

　文法は知識的な性格が強く、会話そのものとは違います。文法を学ぶと、色々な構文が理解出来、言い換えが出来ますが、この構文ではこのように言いかえる事が可能である、という知識であって、練習をしないで使えるようになるわけではありません。学んだ内容を体系的に整理したり、理解し、定着させるには ↗

596
A：Xiǎo Zhāng zuìjìn pīnmìng xiě shénme dōngxi ne.
小 张 最近 拼命 写 什么 东西 呢。
B：Tā yào xiě xiǎoshuō, zhēnshì xiàosǐ rén.
他 要 写 小说， 真是 笑死 人。

597
A：Nǐ xǐhuan Shāshìbǐyà de zuòpǐn ma?
你 喜欢 莎士比亚 的 作品 吗？
B：Wǒ hěn xǐhuan.
我 很 喜欢。

598
A：Nǐ xǐhuan Shāwēng de nǎ yí ge zuòpǐn?
你 喜欢 沙翁 的 哪 一 个 作品？
B：Wǒ xǐhuan "Luómì'ōu yǔ Zhūlìyè".
我 喜欢 "罗密欧 与 朱丽叶"。

599
A：Nǐ kànguo Gēdé de "Shàonián Wéitè de fánnǎo" ma?
你 看过 歌德 的 "少年 维特 的 烦恼" 吗？
B：Kànguo.
看过。

600
A：Zhè zuò sùxiàng hěn yǒumíng a!
这 座 塑像 很 有名 啊！
B：Duì. Zhè shì Luódān de "Chénsīzhě".
对。这 是 罗丹 的 "沉思者"。

601
A：Luódān shì nǎ yí ge shídài de rén?
罗丹 是 哪 一 个 时代 的 人？
B：Tā shì 19 shìjì zhōngyè dào 20 shìjì chū de rén.
他 是 19 世纪 中叶 到 20 世纪 初 的 人。

大変役立つと思います。会話の習得には、練習が第一です。ここではリピートとシャドウイング訓練です。単語知識や文法知識はそれなりに有用ですが、会話習得の基礎でしかありません。声を出して練習してこそ、徐々に会話になれ、会話が習得出来るのです。

602　A：クラシックではどの作曲家が好きですか？

　　　B：どちらかと言うとモーツァルトが好きです。

603　A：モーツァルトのなにが好きですか？

　　　B：「魔笛」と「フィガロの結婚」が好きです。

604　A：私は人生を無為に過ごしたくないと思っています。

　　　B：私も同じです。

605　A：今晩の演目はなんですか？

　　　B：「覇王別姫」です。

606　A：チャップリンの映画を見たことありますか？

　　　B：「モダンタイムス」を見ました。

607　A：アレキサンダー大王はいつの時代の人ですか？

　　　B：紀元前4世紀のマケドニアの大王です。

608　A：万有引力の法則を発見したのは誰ですか？

　　　B：ニュートンです。

609　A：ポーランドの天文学者コペルニクスの業績は何でしょうか？

　　　B：地動説を科学的に証明した事です。

602 A：Nǐ xǐhuan nǎ yí ge gǔdiǎn yīnyuèjiā ne?
你 喜欢 哪 一 个 古典 音乐家 呢？

B：Wǒ bǐjiào xǐhuan Mòzhātè.
我 比较 喜欢 莫扎特。

603 A：Nǐ xǐhuan Mòzhātè de shénme zuòpǐn?
你 喜欢 莫扎特 的 什么 作品？

B：Wǒ xǐhuan "Módí" hé "Fèijiāluó de hūnlǐ".
我 喜欢 "魔笛" 和 "费加罗 的 婚礼"。

604 A：Wǒ bùxiǎng xūdù cǐshēng.
我 不想 虚度 此生。

B：Wǒ yě shì yíyàng de.
我 也 是 一样 的。

605 A：Jīnwǎn de yǎnchū jiémù shì shénme?
今晚 的 演出 节目 是 什么？

B：Shì "Bàwáng bié jī".
是 "霸王 别 姬"。

606 A：Nǐ kànguo Zhuōbiélín de diànyǐng ma?
你 看过 卓别林 的 电影 吗？

B：Wǒ kànguo tā de "Módēng shídài".
我 看过 他 的 "摩登 时代"。

607 A：Yàlìshāndà dàdì shì nǎ yí ge shídài de rén?
亚厉山大 大帝 是 哪 一 个 时代 的 人？

B：Tā shì gōngyuán qián 4 shìjì de Mǎqídùn de dàwáng.
他 是 公元 前 4 世纪 的 马其顿 的 大王。

608 A：Fāxiàn wànyǒu yǐnlì dìnglǜ de shì shéi?
发现 万有 引力 定律 的 是 谁？

B：Shì Niúdùn.
是 牛顿。

609 A：Bōlán tiānwén xuéjiā Gēbáiní yǒu shénme yèjī ne?
波兰 天文 学家 哥白尼 有 什么 业绩 呢？

B：Tā kēxué de zhèngmíng le dìdòngshuō.
他 科学 地 证明 了 地动说。

610 A：ガリレイはコペルニクスの地動説を肯定しましたよね？

B：はい。

611 A：ガリレイは天動説を否定したので投獄されてしまいました。

B：あれは悲劇でしたね！

612 A：しまった、間違えた。

B：失敗は成功のもとです。

613 A：すみません、私の責任です。

B：私にも責任があります。

614 A：まったくひどい話だ。

B：ええ。あの人には道理も何もありゃしない。

615 A：彼の顔つきを見てごらんよ！

B：惚れた目にはあばたもえくぼですね。

616 A：棚ぼたを期待すべきではないね。

B：そうです。進んで挑戦すべきです。

617 A：彼は試験で1科目落としました。

B：自業自得です。

610 A：Jiālìlüè chéngrèn le Gēbáiní de dìdòngshuō, shì bu shì?
伽利略 承认 了 哥白尼 的 地动说，是 不 是？
B：Shìde.
是的。

611 A：Jiālìlüè fǒudìng le tiāndòngshuō, suǒyǐ bèi guānjìn jiānyù le.
伽利略 否定 了 天动说， 所以 被 关进 监狱 了。
B：Nà shì yì chǎng bēijù!
那 是 一 场 悲剧！

612 A：Zhēn zāogāo, shībài le.
真 糟糕，失败 了。
B：Shībài wéi chénggōng zhī mǔ ya.
失败 为 成功 之 母 呀。

613 A：Duìbuqǐ, shì wǒ de zérèn.
对不起，是 我 的 责任。
B：Wǒ yě yǒu zérèn.
我 也 有 责任。

614 A：Zhēn shì qǐyǒu cǐlǐ!
真 是 岂有 此理！
B：Duì. Tā nàge rén zhēn bù jiǎnglǐ.
对。他 那个 人 真 不 讲理。

615 A：Kàn tā nà zhǎngxiàng!
看 他 那 长相！
B：Qíngrén yǎnli chū Xīshī ya!
情人 眼里 出 西施 呀！

616 A：Wǒmen bù néng shǒuzhū dàitù.
我们 不 能 守株 待兔。
B：Duì. Yīnggāi jījí tiǎozhàn.
对。应该 积极 挑战。

617 A：Tā zhè cì kǎoshì yǒu yì mén méi jígé.
他 这 次 考试 有 一 门 没 及格。
B：Zìzuò zìshòu ne.
自作 自受 呢。

●【作品、著作】

シェークスピア（英国 1564 - 1616）莎士比亚　Shāshìbǐyà
- リヤ王　　　　　　　　　李尔王　　　　　Lǐ'ěr wáng
- ロミオとジュリエット　　罗米欧与朱丽叶　Luómǐ'ōu yǔ Zhūlìyè
- マクベス　　　　　　　　麦克白斯　　　　Màikèbáisī
- オセロウ　　　　　　　　奥赛罗　　　　　Àosàiluó
- ヴェニスの商人　　　　　威尼斯商人　　　Wēinísī shāngrén
- お気に召すまま　　　　　如愿以偿　　　　Rúyuàn yǐcháng
- アントニーとクレオパトラ　安东尼和克莉奥佩特拉
　　　　　　　　　　　　　　Āndōngní hé Kèlì'àopèitèlā
- じゃじゃ馬馴らし　　　　驯悍记　　　　　Xúnhànjì
- 終わりよければすべてよし　皆大欢喜　　　Jiēdà huānxǐ

ディズニー（米国 1901 - 1966）迪斯尼　Dísīní
- シンデレラ　　　　　　　灰姑娘　　　　　Huīgūniang
- ピーターパン　　　　　　彼得潘　　　　　Bǐdépān
- ピノキオ　　　　　　　　木偶奇遇记　　　Mù'ǒu qíyùjì
- 白雪姫と七人の小人　　　白雪公主和七个矮人
　　　　　　　　　　　　　　Báixuěgōngzhǔ hé qī gè ǎirén
- バンビ　　　　　　　　　班比　　　　　　Bānbǐ
- 3匹の子豚　　　　　　　三只小猪　　　　Sān zhī xiǎozhū

キャロル（英国 1832 - 1898）卡洛尔　Kǎluò'ěr
- 不思議の国のアリス　　　阿丽丝漫游奇境记　Àlìsī mànyóu qíjìngjì

ミッチェル（米国 1900 - 1949）米切尔　Mǐqièěr
- 風と共に去りぬ　　　　　飘　　　　　　　Piāo

ブロンテ（英国 1816 - 1855）勃朗特　Bólǎngtè
- 嵐が丘　　　　　　　　　呼啸山庄　　　　Hūxiào shānzhuāng

ロレンス（英国 1885 - 1930）劳伦斯　Láolúnsī
- チャタレー夫人の恋人　　恰特里夫人的情人　Qiàtèlǐ fūrén de qíngrén

マーク・トウェイン（米国 1835 - 1910）马克・吐温　Mǎkè·Tǔwēn
- トム・ソーヤーの冒険　　汤姆・索亚历险记　Tāngmǔ·Suǒyà lìxiǎnjì
- ハックルベリー・フィンの冒険　哈克贝利・费恩历险记
　　　　　　　　　　　　　　Hākèbèilì·Fèi'ēng lìxiǎnjì

デフォー（英国 1660 - 1731）笛福　Dífú
- ロビンソン・クルーソー　鲁滨孙飘游记　　Lǔbīnsūn piāoyóujì

スウィフト（アイルランド 1667 - 1745）斯威夫特　Sīwēifūtè
- ガリバー旅行記　　　　　格列佛游记　　　Gélièfó'yóujì

シェンキェーヴィチ（ポーランド 1846 - 1916）显克维奇　Xiǎnkèwéiqí
- クオ・ヴァディス　　　　你往何处去?　　Nǐ wǎng hé chù qù?

モーム（英国 1874 - 1965）毛姆　Máomǔ
　月と六ペンス　　　　　　　月亮与六便士　　Yuèliang yǔ liù biànshì
イプセン（ノルウェー 1828 - 1906）易卜生　Yìbǔshēng
　人形の家　　　　　　　　　玩偶之家　　　　Wán'ǒu zhī jiā
ユーゴー（フランス 1802 - 1885）雨果　Yǔguǒ
　ノートルダム・ド・パリ　　巴黎圣母院　　　　Bālí shèngmǔyuàn
　レ・ミゼラブル　　　　　　悲惨世界　　　　　Bēicǎn shìjiè
マルコ・ポーロ（イタリア 1254 - 1324）马可·波罗　Mǎkè·Bōluó
　東方見聞録　　　　　　　　马可·波罗游记　　Mǎkè·Bōluó yóujì
セルバンテス（スペイン 1547 - 1616）塞万提斯　Sàiwàntísī
　ドン・キホーテ　　　　　　唐·吉柯德　　　　Táng·Jíkēdé
デュマ（フランス 1802 - 1870）大仲马　Dà Zhòngmǎ
　三銃士　　　　　　　　　　三剑客　　　　　　Sān jiànkè
　モンテ・クリスト伯　　　　基度山伯爵　　　　Jīdùshān bójué
ダーウィン（英国 1809 - 1892）达尔文　Dá'ěrwén
　種の起源　　　　　　　　　物种的起源　　　　Wùzhǒng de qǐyuán
コペルニクス（ポーランド 1473 - 1543）哥白尼　Gēbáiní
　天体の回転について　　　　天体运行　　　　　Tiāntǐ yùnxíng
バーナード・ショー（英国 1856 - 1950）萧伯纳　Xiāo·Bónà
　人と超人　　　　　　　　　人与超人　　　　　Rén yǔ chāorén
スタインベック（米国 1902 - 1968）斯坦贝克　Sītǎnbèikè
　怒りの葡萄　　　　　　　　愤怒的葡萄　　　　Fènnù de pútao
ヘミングウェイ（米国 1899 - 1961）海明威　Hǎimíngwēi
　日はまた昇る　　　　　　　太阳照样升起　　　Tàiyáng zhàoyàng shēngqǐ
　武器よさらば　　　　　　　永别了，武器　　　Yǒngbié le, wǔqì
　老人と海　　　　　　　　　老人与海　　　　　Lǎorén yǔ hǎi
　誰がために鐘は鳴る　　　　丧钟为谁敲响?　　Sāngzhōng wèi shéi qiāoxiǎng?
チャップリン（英国 1889 - 1977）卓别林　Zhuōbiélín
　独裁者　　　　　　　　　　大独裁者　　　　　Dà dúcáizhě
　黄金狂時代　　　　　　　　淘金记　　　　　　Táojīnjì
　モダンタイムス　　　　　　摩登时代　　　　　Módēng shídài
アシモフ（米国 1920 -　　）阿西莫夫　Āxīmòfū
　ファウンデーション　　　　基础　　　　　　　Jīchǔ
　ファウンデーションと帝国　基础与帝国　　　　Jīchǔ yǔ dìguó
　第二ファウンデーション　　第二基础　　　　　Dì èr jīchǔ
　私はロボット　　　　　　　我，机器人　　　　Wǒ, jīqìrén
ピカソ（スペイン 1881 - 1973）毕加索　Bìjiāsuǒ
　アヴィニョンの娘たち　　　亚威农的少女们　　Yàwēinóng de shàonǚmen
　ゲルニカ　　　　　　　　　格尔尼卡　　　　　Gé'ěrníkǎ

| 618 | A：これは殺人事件です。

B：事件のいきさつも複雑です！

| 619 | A：勝手に僕のものを持って行かないでね。

B：持って行きませんよ。

| 620 | A：ビートルズってどこの国だっけ？

B：イギリスです。

CD 1-63 | 621 | A：ヒットラーの党って、何だった？

B：ナチスです。

| 622 | A：ジェットコースターが好きなのは誰？

B：彼女が大好きです。

| 623 | A：ディズニーシーへ行った事がありますか？

B：一度行きました。

| 624 | A：君はユニバーサルスタジオに行った事がありますか？

B：まだありません。

| 625 | A：ここ数日彼の様子がどうもおかしい。

B：彼女に言い寄っているからです。

618　A：Zhè shì yì qǐ shārén'ànjiàn.
　　　这 是 一 起 杀人案件。

　　　B：Ànqíng yě hěn fùzá!
　　　案情 也 很 复杂!

619　A：Bié suíbiàn ná wǒ de dōngxi.
　　　别 随便 拿 我 的 东西。

　　　B：Bù ná, bù ná.
　　　不 拿, 不 拿。

620　A：Pītóusì shì nǎ guó de?
　　　披头四 是 哪 国 的?

　　　B：Shì Yīngguó de.
　　　是 英国 的。

621　A：Xītèlè de dǎng jiào shénme?
　　　希特勒 的 党 叫 什么?

　　　B：Jiào Nàcuìdǎng.
　　　叫 纳粹党。

622　A：Shéi xǐhuan guòshānchē?
　　　谁 喜欢 过山车?

　　　B：Tā tèbié xǐhuan zhè ge.
　　　她 特别 喜欢 这 个。

623　A：Nǐ qùguo Dísīníhǎi ma?
　　　你 去过 迪斯尼海 吗?

　　　B：Qùguo yí cì.
　　　去过 一 次。

624　A：Nǐ qùguo Huánqiú jùchǎng ma?
　　　你 去过 环球 剧场 吗?

　　　B：Hái méi ne.
　　　还 没 呢。

625　A：Zhè jǐ tiān tā de jǔdòng zǒng yǒu diǎnr qíguài.
　　　这 几 天 他 的 举动 总 有 点儿 奇怪。

　　　B：Tā xiàng tā qiú'ài ne.
　　　他 向 她 求爱 呢。

626 A：人前でいちゃついてみっともない。

B：私はちょっと羨ましいな！

627 A：そんな所に突っ立ってないで、手伝いに来て。

B：すぐ行きます。

628 A：その時僕は涙ぐんでうつむいたんだ。

B：なんか信じられませんね。

629 A：あの後、彼女に謝ったかい？

B：平謝りに謝りました。

630 A：午後は図書館に行くよ。

B：じゃあ、ついでにこの本を返してきて下さい。

631 A：君の手どうしたの？

B：猫に引っ掻かれたんです。

632 A：なにか踏んづけてしまったみたい。

B：これ、コンタクトレンズです。

633 A：疲れたでしょう！

B：もう一歩も歩けません。

626
A：Zài rén miànqián chánzhe sājiāo búxiàng ge yàngzi.
在 人 面前 缠着 撒娇 不像 个 样子。
B：Wǒ zhēn yǒu diǎnr xiànmù tāmen!
我 真 有 点儿 羡慕 他们！

627
A：Búyào dāidāide zhànzài nàli, kuài guòlái bāngmáng.
不要 呆呆地 站在 那里，快 过来 帮忙。
B：Wǒ mǎshang jiù lái.
我 马上 就 来。

628
A：Dāngshí wǒ hánzhe yǎnlèi dīxià le tóu.
当时 我 含着 眼泪 低下 了 头。
B：Wǒ yǒu diǎnr bù gǎn xiāngxìn.
我 有 点儿 不 敢 相信。

629
A：Hòulái nǐ xiàng tā dàoqiàn le ma?
后来 你 向 她 道歉 了 吗？
B：Wǒ dītóu rèncuò le.
我 低头 认错 了。

630
A：Xiàwǔ wǒ qù túshūguǎn.
下午 我 去 图书馆。
B：Nà, shùnbiàn bǎ zhè běn shū ná qù gěi huán le ba.
那，顺便 把 这 本 书 拿 去 给 还 了 吧。

CD 2-64

631
A：Nǐ de shǒu zěnme le ne?
你 的 手 怎么 了 呢？
B：Shǒu bèi māo zhuā pò le.
手 被 猫 抓 破 了。

632
A：Wǒ cǎizhao le shénme dōngxi.
我 踩着 了 什么 东西。
B：Zhè shì yǐnxíng yǎnjìng ya.
这 是 隐形 眼镜 呀。

633
A：Nǐ lèi le ba!
你 累 了 吧！
B：Lèi de yí bù yě zǒu bu dòng le.
累 得 一 步 也 走 不 动 了。

634 A：おそくなったけどまだ電車ある？

B：走って行けば間に合うかも知れません。

635 A：彼、ビールをラッパ飲みしてるよ。

B：酔ったんですね。

636 A：彼大丈夫かい？

B：食べた物を全部吐いてしまいました。

637 A：彼女はどうして職を失ったの？

B：汚職事件に連座して失職したんです。

638 A：あの人は君の上司でしょう？

B：はい、直接の上司です。

639 A：どう処理したらいいんでしょう？

B：国際慣習に則って処理して下さい。

640 A：各会員企業の会費はどうやって決めるんですか？

B：収入に応じて会費を納めます。

641 A：最も重要な問題は何でしょうか？

B：如何にして紛争の根源を絶つかです。

634
A: Hěn wǎn le, háiyǒu diànchē ma?
很 晚 了，还有 电车 吗？
B: Pǎozhe qù yěxǔ gǎn de shàng.
跑着 去 也许 赶 得 上。

635
A: Tā zuǐ duìzhe píngkǒu hē píjiǔ.
他 嘴 对着 瓶口 喝 啤酒。
B: Tā hē zuì le.
他 喝 醉 了。

636
A: Tā bú yàojǐn ma?
他 不 要紧 吗？
B: Tā bǎ chī de dōngxi quánbù tù le chūlai.
他 把 吃 的 东西 全部 吐 了 出来。

637
A: Tā wèi hé shīqù le zhíwèi ne?
她 为 何 失去 了 职位 呢？
B: Yīn shòudào tānwū' ànjiàn de qiānlián ér shīqù de.
因 受到 贪污 案件 的 牵连 而 失去 的。

638
A: Nà wèi shì nǐ de shàngsī ba.
那 位 是 你 的 上司 吧。
B: Duì, tā shì wǒ de dǐngtóu shàngsī.
对，他 是 我 的 顶头 上司。

639
A: Gāi zěnme chǔlǐ cái hǎo ne?
该 怎么 处理 才 好 呢？
B: Ànzhào guójì guànlì chǔlǐ.
按照 国际 惯例 处理。

640
A: Gè huìyuán qǐyè rúhé jiāonà huìfèi ne?
各 会员 企业 如何 交纳 会费 呢？
B: Àn shōurù duōshǎo jiāonà huìfèi.
按 收入 多少 交纳 会费。

641
A: Zuì zhòngyào de wèntí shì shénme ne?
最 重要 的 问题 是 什么 呢？
B: Shì rúhé dùjué jiūfēn de gēnyuán.
是 如何 杜绝 纠纷 的 根源。

642 A：彼は大学院で何を研究しているの？

B：ギリシャ文化の源流を研究しています。

643 A：ゆうべかなり大きな地震がありましたね。

B：はい。震源地は東京湾だそうです。

644 A：彼女は君をすごく援助しているね！

B：はい。私が今日あるのは彼女の助力によるものです。

645 A：彼女はあだ名があるんだ！

B：知ってます。トラブルメーカーでしょ。

646 A：君にハンディをあげるよ。

B：では競争してもいいですよ。

647 A：これは50年前の法律だよ！

B：この法律はいまだに生きているんですよ。

648 A：効果はいかがでしたか？

B：驚くべき効果でした。

649 A：この条約はいつ発効しますか？

B：この条約は4月1日を以って発効となります。

642
A：Tā zài yánjiūshēngyuàn yánjiū shénme?
他 在 研究生院 研究 什么?
B：Yánjiū Xīlà wénhuà de qǐyuán.
研究 希腊 文化 的 起源。

643
A：Zuótiān yèli yǒu jiào dà de dìzhèn.
昨天 夜里 有 较 大 的 地震。
B：Duì. Zhènyuán zài Dōngjīngwān.
对。震源 在 东京湾。

644
A：Tā duì nǐ de bāngzhù zhēn bù xiǎo āi!
她 对 你 的 帮助 真 不 小 唉!
B：Duì. Wǒ nénggòu yǒu jīntiān, dōu shì yóuyú tā de bāngzhù.
对。我 能够 有 今天，都 是 由于 她 的 帮助。

645
A：Tā yǒu wàihào!
她 有 外号!
B：Wǒ zhīdào, shì jiào "jiūfēn de dǎohuǒxiàn" ba.
我 知道，是 叫"纠纷 的 导火线"吧。

646
A：Wǒ gěi nǐ yǒulì tiáojiàn ba.
我 给 你 有利 条件 吧。
B：Nà zánmen jiù bǐ yi bǐ ba.
那 咱们 就 比 一 比 吧。

647
A：Zhè shì wǔshí nián qián de fǎlǜ ne!
这 是 五十 年 前 的 法律 呢!
B：Zhège fǎlǜ zhìjīn réngrán yǒuxiào.
这个 法律 至今 仍然 有效。

648
A：Xiàoguǒ rúhé ne?
效果 如何 呢?
B：Huòdé le jīngrén de xiàoguǒ.
获得 了 惊人 的 效果。

649
A：Zhè tiáoyuē cóng hé shí shēngxiào ne?
这 条约 从 何 时 生效 呢?
B：Zhè tiáoyuē zì sì yuè yī rì qǐ shēngxiào.
这 条约 自 四 月 一 日 起 生效。

650　A：彼らにはまだ法律上の権利がありますか？

　　B：時効によって失効しました。

651　A：君から彼女に早く彼と関係を絶つように言うべきだよ。

　　B：熱心に忠告したんですが、手応えはありませんでした。

652　A：この部分の色はどんな組み合わせにしますか？

　　B：緑と黄色を組み合わせて下さい。

653　A：やはり自分の目で確かめて見るもんですね！

　　B：はい。聞くと見るとでは大違いですね！

654　A：張君の才能は卓越しているね。

　　B：王さんの技術は群を抜いていますね。

655　A：これは中国製です。

　　B：日本製と比べて少しも遜色がありませんね。

■【学習の量について】

　本書は800の短文会話です。しかし1つの外国語の会話を習得するには量的には充分とは言えません。5000位あればいいと思います。それも出来れば短文会話の形がいいでしょう。なぜなら、短いものは覚えやすく、真似しやすく、楽しく勉強できるからです。長くて複雑な内容は、短文がすらすら言えるよう ↗

650
A：Tāmen hái yǒu fǎlǜshang de quánlì ma?
他们 还 有 法律上 的 权利 吗?

B：Tāmen de fǎlǜshang de quánlì yīn shíxiào ér sàngshī le.
他们 的 法律上 的 权利 因 时效 而 丧失 了。

651
A：Nǐ yīnggāi tíxǐng tā zǎodiǎnr gēn tā duànjué guānxi.
你 应该 提醒 她 早点儿 跟 他 断绝 关系。

B：Wǒ céng chéngxīnchéngyì de quànguo tā, dàn háowú fǎnyìng.
我 曾 诚心诚意 地 劝过 她，但 毫无 反应。

652
A：Zhè ge bùfen yīnggāi rúhé pèi yánsè ne?
这 个 部分 应该 如何 配 颜色 呢?

B：Bǎ lǜsè tóng huángsè pèizài yìqǐ ba.
把 绿色 同 黄色 配在 一起 吧。

653
A：Háishi yǎnkàn wéi shí a!
还是 眼看 为 实 啊!

B：Duì. Ěrwén hé yǎnjiàn dà bù xiāngtóng ne!
对。耳闻 和 眼见 大 不 相同 呢!

654
A：Xiǎo Zhāng yǒu zhuóyuè de cáinéng.
小 张 有 卓越 的 才能。

B：Lǎo Wáng yǒu chāoqún de jìshù.
老 王 有 超群 的 技术。

655
A：Zhè shì Zhōngguó zhìzào de.
这 是 中国 制造 的。

B：Zhè ge bǐqǐ Rìběnhuò lái yě háo bú xùnsè.
这 个 比起 日本货 来 也 毫 不 逊色。

になると、自然に覚えられます。私達日本人も子供の頃から、色んな人と短い会話をたくさん繰返しながら、今の会話力を身につけてきたのです。外国語の会話も同じように練習すれば良いわけです。

656 A：木村は口は悪いが根はいいやつだ。

B：その点ではあなたといい勝負ですね。

657 A：彼は言を左右にして態度をあいまいにしている。

B：彼は政治家ではなく政治屋ですよ。

658 A：言葉を濁さないではっきり言って下さい。

B：そういう事でしたら率直に申しましょう。

659 A：でたらめはやめてくれ！

B：そうです。あなた方妄想はやめて下さい！

660 A：彼女その後どうしたの？

B：心のうちを全部私に打明けてくれました。

661 A：彼女は完全に僕のことを誤解しています。

B：ええ。でも今話しても、相手にしてくれないでしょう。

662 A：彼はその時感情が高ぶって何も言えなかったんです。

B：気持ちは理解出来ます。

663 A：感激して言葉が出て来なかった。

B：彼の行いは全て脳裏に焼き付いています。

656 A：Mùcūn shì ge zuǐjiān xīnshàn de rén.
木村 是 个 嘴尖 心善 的 人。

B：Tā bǐ qǐ nǐ lái yě háo bú xùnsè.
他 比 起 你 来 也 毫 不 逊色。

657 A：Tā shǎnshuò qící, bù kěn míngquè biǎotài.
他 闪烁 其词，不 肯 明确 表态。

B：Tā bú shì zhèngzhìjiā, shì ge zhèngkè.
他 不 是 政治家，是 个 政客。

658 A：Bié nàme tūntūn tǔtǔ de, kuài diǎnr míngshuō hǎo bu hǎo.
别 那么 吞吞 吐吐 的，快 点儿 明说 好 不 好。

B：Nǐ jìrán nàme shuō, wǒ jiù tǎnshuài de shuō ba.
你 既然 那么 说，我 就 坦率 地 说 吧。

659 A：Bié húshuō bādào!
别 胡说 八道!

B：Duì. Nǐmen bú yào húsī luànxiǎng!
对。你们 不 要 胡思 乱想!

660 A：Tā hòulái zěnme le ne?
她 后来 怎么 了 呢?

B：Tā bǎ tā de xīnsī quán shuō gěi wǒ tīng le.
她 把 她 的 心思 全 说 给 我 听 了。

661 A：Tā wánquán wùhuì wǒ le.
她 完全 误会 我 了。

B：Duì. Kě xiànzài gēn tā shuōhuà, tā yě bú huì lǐ nǐ ya!
对。可 现在 跟 她 说话，她 也 不 会 理 你 呀!

662 A：Tā dāngshí gǎnqíng jīdòng, shénme huà yě shuō bu chū lai le.
他 当时 感情 激动，什么 话 也 说 不 出 来 了。

B：Tā de xīnqíng shì kěyǐ lǐjiě de.
他 的 心情 是 可以 理解 的。

663 A：Wǒ gǎndòng de lián huà dōu shuō bu chūlai le.
我 感动 得 连 话 都 说 不 出 来 了。

B：Tā suǒ zuò de yíqiè lìng rén míngjì búwàng.
他 所 作 的 一切 令 人 铭记 不忘。

664 A：彼女は今とても興奮しています。

B：じゃあ冷静になってから話しましょう。

665 A：人が多ければ大きな力になるよ！

B：でも多くの国が人口過剰で頭を痛めています。

666 A：あの店は売れ行きが良くないね。

B：あんなに接客が悪い店は、誰も行きたがらないですよ。

667 A：彼は何か思い悩んでいるようだった。

B：子供の将来の事で悩んでるんですよ。

668 A：どうしてそんなに浮かない顔してるんだい？

B：仕事が上手く行かなくて、苦しいんです。

669 A：人生を楽しまなくちゃあね。

B：問題はいかにして楽しむかです。

670 A：人生の目的は快楽だけではないよ。

B：じゃあ他にどんな目的があるんですか？

671 A：良かった。これで何とか見通しが立ちそうだ。

B：まずみんなに知らせましょう、きっと喜ぶから。

664
A：Tā xiànzài fēicháng xīngfèn.
　　她 现在 非常 兴奋。
B：Nà, děng tā lěngjìng xiàlai zài shuō ba.
　　那，等 她 冷静 下来 再 说 吧。

665
A：Rén duō lìliang dà ne!
　　人 多 力量 大 呢!
B：Kěshì yǒu hěn duō guójiā yīn rénkǒu guòduō ér dà shāng nǎojīn ne.
　　可是 有 很 多 国家 因 人口 过多 而 大 伤 脑筋 呢。

666
A：Nàjiā shāngdiàn de huò xiāo bu dòng.
　　那家 商店 的 货 销 不 动。
B：Fúwù tàidù nàme bù hǎo de diàn shéi dōu bú yuànyi qù.
　　服务 态度 那么 不 好 的 店 谁 都 不 愿意 去。

667
A：Tā hǎoxiàng xīnli yǒu shénme fánnǎo shì de.
　　他 好象 心里 有 什么 烦恼 似 的。
B：Tā wèi háizi de qiántú cāoxīn ne.
　　他 为 孩子 的 前途 操心 呢。

668
A：Nǐ zěnme mènmèn búlè?
　　你 怎么 闷闷 不乐?
B：Yīnwèi gōngzuò jìnzhǎn de bú shùnlì, fēicháng kǔ'nǎo.
　　因为 工作 进展 得 不 顺利，非常 苦恼。

669
A：Wǒmen yīnggāi xiǎngshòu rénshēng.
　　我们 应该 享受 人生。
B：Wèntí jiùshì rúhé xiǎngshòu.
　　问题 就是 如何 享受。

670
A：Rénshēng de mùdì bù zhǐ shì kuàilè.
　　人生 的 目的 不 只 是 快乐。
B：Nà nǐ shuō háiyǒu shénme mùdì ne?
　　那 你 说 还有 什么 目的 呢?

CD 2-68
671
A：Tài hǎo le. Zánmen néng dǎkāi júmiàn le.
　　太 好 了。咱们 能 打开 局面 了。
B：Xiān bǎ zhè ge xiāoxi gàosu dàjiā, ràng dàjiā gāoxìng gāoxìng.
　　先 把 这 个 消息 告诉 大家，让 大家 高兴 高兴。

|672| A：彼女はやっと彼との結婚を承知したね。

B：彼は願いがかなって、躍りあがって喜んでました。

|673| A：彼女を1人で行かせるのはどうしても気がかりだ。

B：それじゃああなたがついて行ったらいいのに。

|674| A：万が一失敗したらどうしよう？

B：それは単なる杞憂に過ぎません。

|675| A：この音楽本当に美しいね！

B：静かな音楽を聞くと心が安らぎます。

|676| A：あんなに元気だった人が亡くなったと聞いてびっくりした。

B：全く思いもしなかった事でしたね。

|677| A：彼は人から好感を持たれますね。

B：彼は愛想がいいから印象がいいんです。

|678| A：あの政党はちょっと問題があるね。

B：党内が2派に分かれて敵視しあっています。

|679| A：どうも彼は君に気があるみたいだね。

B：それは無いでしょう。

672
A：Tā de nǚpéngyou zǒngsuàn tóngyì jiéhūn le.
他 的 女朋友 总算 同意 结婚 了。
B：Tā rúyuàn yǐcháng, gāoxìng de tiào qǐlái le.
他 如愿 以偿，高兴 得 跳 起来 了。

673
A：Jiào tā yí ge rén qù, wǒ lǎoshì fàng bu xià xīn.
叫 她 一 个 人 去，我 老是 放 不 下 心。
B：Nà nǐ gēn tā yíkuàir qù ba.
那 你 跟 她 一块儿 去 吧。

674
A：Wànyī shībài le zěnme bàn?
万一 失败 了 怎么 办？
B：Nà zhǐ bu guò shì qǐrén yōutiān.
那 只 不 过 是 杞人 忧天。

675
A：Zhè yīnyuè zhēn yōuměi!
这 音乐 真 优美！
B：Yì tīngdào yōuyǎ de yīnyuè xīnli jiù gǎndào píngjìng.
一 听到 幽雅 的 音乐 心里 就 感到 平静。

676
A：Tīngdao nàme jiànzhuàng de rén sǐ le, dà chī yì jīng.
听到 那么 健壮 的 人 死 了，大 吃 一 惊。
B：Shízài shì chūhū yìliào de shìr.
实在 是 出乎 意料 的 事儿。

677
A：Tā gěi rén hǎogǎn.
他 给 人 好感。
B：Yīnwèi tā hé'ǎi kěqīn, róngyì gěi rén hǎogǎn.
因为 他 和蔼 可亲，容易 给 人 好感。

678
A：Nà ge zhèngdǎng yǒu xiē wèntí.
那 个 政党 有 些 问题。
B：Tāmen zài dǎngnèi fēnchéng liǎngpài, xiānghù díshì.
他们 在 党内 分成 两派，相互 敌视。

679
A：Tā hǎoxiàng duì nǐ yǒu xiē yìsi.
他 好象 对 你 有 些 意思。
B：Nà kě bù kěnéng.
那 可 不 可能。

680　A：彼は彼女に振られたよ。

　　B：彼女は人妻なんだから、彼のためにもそのほうがよかったですよ。

681　A：私は大都市の生活は好きじゃあないんだ。

　　B：でも地方の人は皆北京にあこがれますね。

682　A：彼はわざと人のいやがる事をするね。

　　B：だから皆に嫌われるんです。

683　A：この仕事、もうあきてしまったよ。

　　B：そんな事言わないで、もう少し頑張って下さい。

684　A：どうも彼とは打ち解けにくいなあ。

　　B：そうですか？私はそんな事無いですけど。

685　A：彼は決して男性を娘に近づかせようとはしないね。

　　B：気持ちは解ります。

686　A：あの後、彼女と仲直りした？

　　B：あの事件があってから彼女とは疎遠になってしまいました。

687　A：彼は人のあしらいがとても上手いね。

　　B：でも皆からは敬遠されています。

680
A：他被她甩了。
Tā bèi tā shuǎi le.

B：人家有夫之妇，还是这样对他好。
Rénjiā yǒufū zhī fù, háishi zhèyang duì tā hǎo.

681
A：我不喜欢大城市的生活。
Wǒ bù xǐhuan dàchéngshì de shēnghuó.

B：不过外地人都向往北京呢。
Búguò wàidìrén dōu xiàngwǎng Běijīng ne.

682
A：他故意作令人讨厌的事儿。
Tā gùyì zuò lìng rén tǎoyàn de shìr.

B：所以大家都讨厌他呢。
Suǒyǐ dàjiā dōu tǎoyàn tā ne.

683
A：这个活儿我已经做腻了。
Zhè ge huór wǒ yǐjing zuò nì le.

B：可别那么说，再坚持一下吧。
Kě bié nàme shuō, zài jiānchí yíxià ba.

684
A：他那个人总觉得不易接近。
Tā nà ge rén zǒng juéde búyì jiējìn.

B：是吗？我并不觉得那样。
Shì ma? Wǒ bìng bù juéde nàyang.

685
A：他不让任何男人接近他的女儿。
Tā bú ràng rènhé nánrén jiējìn tā de nǚ'ér.

B：我能理解他的心情。
Wǒ néng lǐjiě tā de xīnqíng.

686
A：后来你跟她和好了吗？
Hòulái nǐ gēn tā héhǎo le ma?

B：从那个事件以后，我和她疏远了。
Cóng nà ge shìjiàn yǐhòu, wǒ hé tā shūyuǎn le.

687
A：他很会应酬。
Tā hěn huì yìngchou.

B：不过人们对他都敬而远之。
Búguò rénmen duì tā dōu jìng'ér yuǎnzhī.

688　A：かれらの考えには相当のギャップがあるね。

　　B：彼らは犬猿の仲です。

689　A：その時君は良心の呵責を覚えなかったの？

　　B：少しは。でもしょうが無かったんです。

690　A：腹が立つでしょうけど、私に免じて我慢して下さい。

　　B：今度ばかりはどうしても彼を許せません。

691　A：加害者にも人権はあるよ。

　　B：でも殺された被害者には人権はありません！

692　A：昔は弱肉強食の世の中だったけど、今はどうなんだろう？

　　B：今は正直者が馬鹿を見る社会です。

693　A：こんなふうに処理したら不公平のそしりは免れないな。

　　B：じゃあ一体どう処理したらいいんでしょう？

694　A：あいつ生意気だからとっちめてやろう。

　　B：そんな事しちゃあいけません！

695　A：あんなこと言うべきじゃなかったね！彼女が可哀想だよ。

　　B：今、とても後悔しています。

688　A：他们彼此的想法有很大的距离。
Tāmen bǐcǐ de xiǎngfǎ yǒu hěn dà de jùlí.

　　B：他们俩是不共戴天的死对头呢。
Tāmen liǎ shì búgòng dàitiān de sǐduìtou ne.

689　A：当时你没受到良心的谴责吗?
Dāngshí nǐ méi shòudao liángxīn de qiǎnzé ma?

　　B：有一点儿，但是我没有别的办法呀。
Yǒu yìdiǎnr, dànshì wǒ méiyǒu bié de bànfǎ ya.

690　A：你也许很生气，不过看在我的面上原谅他吧。
Nǐ yěxǔ hěn shēngqì, búguo kàn zài wǒ de miànshang yuánliàng tā ba.

　　B：这一次我可不能原谅他。
Zhè yí cì wǒ kě bù néng yuánliàng tā.

691　A：加害者也有人权。
Jiāhàizhě yě yǒu rénquán.

　　B：可是被杀死的受害者没有人权呢!
Kěshì bèi shāsǐ de shòuhàizhě méiyǒu rénquán ne!

692　A：过去是弱肉强食的社会。现在怎么样?
Guòqù shì ruòròu qiángshí de shèhuì. Xiànzài zěnmeyàng?

　　B：现在是老实人吃亏的社会。
Xiànzài shì lǎoshirén chīkuī de shèhuì.

693　A：这么处理难免受到不公正的责难。
Zhème chǔlǐ nánmiǎn shòudao bù gōngzhèng de zénàn.

　　B：那该怎么处理才好?
Nà gāi zěnme chǔlǐ cái hǎo?

694　A：那家伙儿太狂妄，我要好好儿教训他一顿。
Nà jiāhuor tài kuángwàng, wǒ yào hǎohāor jiàoxùn tā yídùn.

　　B：你可别这样!
Nǐ kěbié zhèyang!

695　A：你不该说那种话呢!她太可怜了。
Nǐ bu gāi shuō nà zhǒng huà ne! Tā tài kělián le.

　　B：现在我很后悔。
Xiànzài wǒ hěn hòuhuǐ.

|696| A：君は一々人の揚げ足を取るから、嫌われるんだよ。

B：あなたがそう言うんなら私にだって言い分があります。

|697| A：彼の嫌味な言い方は本当にしゃくにさわった！

B：今度ばかりは、あの人もみんなに攻撃されますね。

|698| A：彼は上司の機嫌をとって必死で出世しようとしている！

B：我々にはあんなまね出来ないですね。

|699| A：彼の勇気には感心させられた！

B：尊敬に値しますね。

|700| A：立てるべきは立てなければいけないよ！

B：もういいです。私だってそのくらいは解ります。

■【日常会話とは】

　日常会話とよく言いますが、その定義や範囲はあいまいです。
　買い物をする、乗り物に乗る、映画を見る、道をきく、旅行に行く、郵便を出す、約束をする等、生活に密着した題材がよく会話の本に取り上げられていますが、これらの内容は必要な事として覚えておきましょう。中国語についての私の考える「日常会話」は以下のようなものです。
　中国の高校3年生程度の知識、単語量、会話力と同等のもの。いわゆる大 ↗

696　A：因为你总是抓别人的小辫子，所以被人讨厌的。
　　B：你要这么说，我也有我的说法。

697　A：他那种挖苦的说法真令人不愉快！
　　B：这下他成为大家的攻击目标了。

698　A：他拍上级马屁，一心想要往上爬！
　　B：我们都不会他那样做。

699　A：他的勇气真令人佩服！
　　B：他是个值得尊敬的人。

700　A：该尊敬就必须尊敬呀！
　　B：别说了。我也懂得这道理。

学受験生程度の会話能力、表現力、単語知識の量を基準として考えます。ある物事について説明したり、独自の意見を論述する能力もそこに入ります。

そう考えると、必要な単語量だけでも大変なものです。知識としても膨大ですが、その点は母国語の知識で充分補えます。単純に知っている事柄についての単語を覚えてしまえばよいわけです。問題はやはり会話力、表現力をいかに養成するかです。

通訳を目指そうとする人にはこの日常会話能力は必須です。

CD 1-71

701 A：彼の言い方は人を小馬鹿にしている！

B：彼にも評価するべき所はあります、あながち棄てたもんじゃありません。

702 A：彼女には人を見下す癖があるね。

B：誰にでも欠点はあるもんです。

703 A：あれは重要な問題でしょう。

B：はい。放って置けない問題です。

704 A：これじゃあ我々の男としての顔が立たないよ！

B：ええ、でもこれで彼の面子も丸つぶれですよ。

705 A：彼の顔をつぶすような事はしないでくれよ。

B：大丈夫です。私を信用して下さい。

706 A：彼はお金めあてで彼女に求婚したのさ。

B：私はお金半分愛情半分だと思いますね。

707 A：これは違法行為ではないね。

B：でも道徳に背く事です。

708 A：この問題には関わるべきではないね。

B：ええ。あなたの意見に賛成です。

701
A：他那是瞧不起人的说法!
B：他说的意见也有一些可取之处,不要看得一文不值。

702
A：她有小看人的毛病。
B：人总会有点儿什么毛病的。

703
A：那是个重要的问题吧。
B：对。是不能置之不理的问题。

704
A：这么一来,我们就没有男人的面子了!
B：对,不过他的面子也全丢了。

705
A：你不要做不给他留面子的事儿啊。
B：没问题,你相信我好了。

706
A：他是为了钱向她求婚的呀。
B：我看是金钱一半儿,爱情一半儿。

707
A：这不是违法行为呀。
B：可这是违背道德的行为。

708
A：这个问题我们不应该介入。
B：好,我同意你的意见。

709 A：人通りが本当に多い。全然途切れない！

B：夜の10時には通る人もいなくなります。

710 A：君、今日はどうして遅れて来たの？

B：忘れ物をして家に取りに帰ったので遅れてしまいました。

CD 1-72 711 A：まずはどこまで登るの？

B：この山道を登りきったところの小屋までです。

712 A：この前は頂上まで登ったの？

B：天候が急変して急いで下山したので、登頂してません。

713 A：このところ君なんでずっと来なかったの？

B：休暇で1週間沖縄へ行って今帰って来たんです。

714 A：きみたちどこへ行くの？

B：東京を引き払って北海道で暮らします。

715 A：上京してどんなことを感じましたか？

B：ふるさとを離れてみて初めて家庭の温かさが分かりました。

716 A：あの家の先代は立派な方でしたけどね。

B：「祖父が創業して、息子が楽をして、孫は乞食」ですかね。

709
A：Láiwǎng de xíngrén kě zhēn duō, jiù xiàng chuānsuō shì de!
来往 的 行人 可 真 多，就 像 穿梭 似 的!
B：Yí dào wǎnshang shí diǎn zhōng jiù méiyǒu xíngrén le.
一 到 晚上 十 点 钟 就 没有 行人 了。

710
A：Jīntiān nǐ zěnme chídào le ne?
今天 你 怎么 迟到 了 呢?
B：Yīnwèi wàng le dōngxi yòu fǎnhuí jiā qù qǔ, suǒyǐ chídào le.
因为 忘 了 东西 又 返回 家 去 取，所以 迟到 了。

711
A：Wǒmen xiān pá dào nǎr?
我们 先 爬 到 哪儿?
B：Zhè tiáo shānlù jìntóu nàjiān xiǎo fángzi nàr.
这 条 山路 尽头 那间 小 房子 那儿。

712
A：Shàngcì nǐmen pá dào dǐngshang méiyǒu?
上次 你们 爬 到 顶上 没有?
B：Shàngcì tiānqì dǒubiàn, jímáng xiàshān le, méi dào dǐng ne.
上次 天气 陡变，急忙 下山 了，没 到 顶 呢。

713
A：Zhèxiē rìzi nǐ zěnme yìzhí méi lái ne?
这些 日子 你 怎么 一直 没 来 呢?
B：Dào Chōngshéng dùjià yì zhōu gāng huílai.
到 冲绳 度假 一 周 刚 回来。

714
A：Nǐmen qù nǎr?
你们 去 哪儿?
B：Líkāi Dōngjīng, bān dào Běihǎidào qù zhù.
离开 东京，搬 到 北海道 去 住。

715
A：Láidào Dōngjīng hòu yǒu shénme tǐhuì?
来到 东京 后 有 什么 体会?
B：Líkāi jiāxiāng cái tǐhuìdao jiātíng de wēnnuǎn.
离开 家乡 才 体会到 家庭 的 温暖。

716
A：Tājiā shàngyídài zhǔrén shì ge liǎobuqǐ de rénwù.
他家 上一代 主人 是 个 了不起 的 人物。
B：Zhè jiùshì "Zǔfù chuàngyè, érzi xiǎngshòu, sūnzi tǎofàn" ba.
这 就是 "祖父 创业，儿子 享受，孙子 讨饭" 吧。

717　A：聞くところによると彼は平家の末裔だそうな！

　　　B：うちは徐福の末裔だそうですけど。

718　A：話によると彼は私の遠い親戚らしいです！

　　　B：遠くの親戚より近くの他人ですから！

719　A：あの娘さんはなかなか素晴らしいね！

　　　B：彼女は私の姪です。

720　A：僕の両親は兄弟がたくさんいます。

　　　B：じゃあいとこがたくさんいるんですね。

721　A：あの通訳さんたいしたもんだね！

　　　B：彼女の本業は作家だそうですよ。

722　A：彼等は兄弟弟子です。

　　　B：立派な先生は、弟子も立派になりますね！

723　A：弘法も筆の誤りというね。

　　　B：愚者も千慮に一得という言い方もあります。

724　A：彼は誰を捕まえたって？

　　　B：凶器を持った強盗ですよ！

717　A：据说他是平家的后裔！
Jùshuō tā shì Píngjiā de hòuyì!

　　B：据说我家是徐福的后裔。
Jùshuō wǒjiā shì Xúfú de hòuyì.

718　A：据说他是我的远亲呢！
Jùshuō tā shì wǒ de yuǎnqīn ne!

　　B：远亲不如近邻啊！
Yuǎnqīn bù rú jìnlín a!

719　A：那位小姐真不错！
Nà wèi xiǎojiě zhēn búcuò!

　　B：她是我的侄女。
Tā shì wǒ de zhínǚ.

720　A：我的父母兄弟姐妹很多。
Wǒ de fùmǔ xiōngdì jiěmèi hěn duō.

　　B：那，你有很多堂兄弟、表姐妹啦。
Nà, nǐ yǒu hěn duō tángxiōngdì、biǎojiěmèi la.

721　A：那个翻译实在了不起！
Nàge fānyì shízài liǎobuqǐ!

　　B：据说她的本职工作是作家。
Jùshuō tā de běnzhí gōngzuò shì zuòjiā.

722　A：他们俩是师兄弟。
Tāmen liǎ shì shīxiōngdì.

　　B：名师出高徒呀！
Míngshī chū gāotú ya!

723　A：智者千虑，必有一失。
Zhìzhě qiānlǜ, bì yǒu yìshī.

　　B：还有说，愚者千虑，必有一得呢。
Háiyǒu shuō, yúzhě qiānlǜ, bì yǒu yìdé ne.

724　A：他抓了个什么人？
Tā zhuā le ge shénme rén?

　　B：抓了个携带凶器的强盗呢！
Zhuā le ge xiédài xiōngqì de qiángdào ne!

725 A：これはどういう人？

B：全国指名手配の逃亡犯です。

726 A：あの本は読み終わらなかったけど彼女に返しました。

B：あの本を最後まで読むのは骨が折れるでしょう。

727 A：午前中、君、上野へいったでしょう。

B：はい。美術館で絵を見ながら半日過ごしました。

728 A：あなたにじっと見つめられて彼女赤くなっていたよ。

B：美しさに見とれてしまったんです。

729 A：誰かが壁の節穴からこっちを見てるよ！

B：きっと下の妹ですよ。

730 A：あの件に関しては、干渉出来ないね。

B：とは言っても、傍観してるわけにはいきませんよ。

731 A：彼女に声をかけたけど聞こえなかったみたいだ。

B：いいえ、今振り返って手を振っていますよ。

732 A：ここは眺めがいいですね。

B：あれは富士山じゃあないですか？

725
A：Zhè shì shénme rén?
这 是 什么 人?
B：Shì quánguó tōngjī de zàitáo fànrén.
是 全国 通缉 的 在逃 犯人。

726
A：Nà běn shū méi kànwán jiù huán gěi tā le.
那 本 书 没 看完 就 还 给 她 了。
B：Nà běn shū yào kàn dào mòwěi hěn chīlì.
那 本 书 要 看 到 末尾 很 吃力。

727
A：Shàngwǔ nǐ dào Shàngyě qù le ba.
上午 你 到 上野 去 了 吧。
B：Duì. Zài měishùguǎn guānshǎng huàr, guānshǎng le bàntiān.
对。在 美术馆 观赏 画儿, 观赏 了 半天。

728
A：Tā bèi nǐ dīngzhe kàn de liǎn hóng le.
她 被 你 盯着 看 得 脸 红 了。
B：Wǒ bèi tā de měimào xīyǐnzhù le.
我 被 她 的 美貌 吸引住 了。

729
A：Yǒu rén cóng bǎnqiáng shang de jiékǒng kàn zhe wǒmen ne!
有 人 从 板墙 上 的 节孔 看 着 我们 呢!
B：Shì wǒ xiǎomèimei ba.
是 我 小妹妹 吧。

730
A：Guānyú nà jiàn shìr, wǒmen bù néng gānshè.
关于 那 件 事儿, 我们 不 能 干涉。
B：Suīrán rú cǐ, dàn yě bù néng xiùshǒu pángguān a.
虽然 如 此, 但 也 不 能 袖手 旁观 啊。

731
A：Wǒ jiào le tā yì shēng, kě hǎoxiàng méi tīngjiàn.
我 叫 了 她 一 声, 可 好像 没 听见。
B：Bù, tā xiànzài yímiàn huítóu kàn, yímiàn huīshǒu ne.
不, 她 现在 一面 回头 看, 一面 挥手 呢。

732
A：Zhèli néng kàn de hěn yuǎn.
这里 能 看 得 很 远。
B：Nǐ kàn nà bú shì Fùshìshān ma?
你 看 那 不 是 富士山 吗?

733　A：人ごみで彼女とはぐれてしまった！

　　B：彼女は道を知ってますから、私達は直接行きましょう。

734　A：あの人地獄耳だね！

　　B：他人のプライバシーを詮索するから、気をつけて下さい。

735　A：彼のこれまでの功績は実際大きかったと思う。

　　B：でも、今度の事で帳消しですね。

736　A：裁判長はいま何と言ったんだい？

　　B：傍聴人に退廷を命じたんです。

737　A：もう今月卒業するんだね！

　　B：勉強のためにふるさとを出てニューヨークで暮らしてもう5年になります！

738　A：見て、あそこで野暮ったい女の子が誰かを待ってるよ！

　　B：田舎から出て来たと一目で分かりますね。

739　A：下の妹さんどこへ行ったんでしょう？

　　B：今しがた犬に追いかけられて家に駆け込んで行きました。

740　A：この作家はどうやって自殺したの？

　　B：火山の火口に跳びこんだんです。

733　A：Zài rénqúnzhōng gēn tā zǒu sàn le!
　　　　在 人群中　　跟 她 走 散 了！

　　　B：Tā lù bǐjiào shú, zánmen zhíjiē dào mùdìdì qù ba.
　　　　她 路 比较 熟，咱们　直接 到 目的地 去 吧。

734　A：Nà ge rén xiāoxi língtōng!
　　　　那 个 人 消息 灵通！

　　　B：Tā zhuān'ài tīng biérén de yǐnsī, nǐ kě yào xiǎoxīn.
　　　　她 专爱 听 别人 的 隐私，你 可 要 小心。

735　A：Tā guòqù de gōngláo kě zhēn bù xiǎo.
　　　　他 过去 的 功劳 可 真 不 小。

　　　B：Búguò, zhèhuí jiù qiángōng jìnqì le.
　　　　不过，这回 就 前功 尽弃 了。

736　A：Tíngzhǎng gāngcái shuō xiē shénme?
　　　　庭长　刚才 说 些 什么？

　　　B：Tā mìnglìng pángtīngzhě tuìtíng ne.
　　　　他 命令　旁听者　退庭 呢。

737　A：Zhège yuè wǒmen jiù yào bìyè le!
　　　　这个 月 我们　就 要 毕业 了！

　　　B：Wèile qiúxué, líkāi jiāxiāng láidào Niǔyuē yǐjing guò le wǔ nián le!
　　　　为了 求学，离开 家乡 来到 纽约 已经 过 了 五 年 了！

738　A：Nǐ kàn, nàr yǒu yí ge tǔlitǔqì de nǚháizi zài děngzhe shénme rén!
　　　　你 看，那儿 有 一 个 土里土气 的 女孩子 在 等着 什么 人！

　　　B：Yí kàn jiù zhīdao tā shì cái cóng xiāngxiàlái de.
　　　　一 看 就 知道 她 是 才 从 乡下来 的。

739　A：Xiǎo mèimei dào nǎr qù le?
　　　　小 妹妹　到 哪儿 去 了？

　　　B：Tā gāngcái bèi gǒu zhuīde pǎojìn wūli qù le.
　　　　她 刚才 被 狗 追得 跑进 屋里 去 了。

740　A：Zhè ge zuòjiā shì zěnme zìshā de ne?
　　　　这 个 作家 是 怎么 自杀 的 呢？

　　　B：Tiàorù huǒshān pēnhuǒkǒu zìshā de.
　　　　跳入 火山 喷火口 自杀 的。

741　A：車が小学生の列に突っ込んだ！

　　　B：不幸中の幸いで、死者はでなかったようです！

742　A：あの件に関しては深入りしない方がいいね。

　　　B：もう相当深く巻き込まれていますよ。

743　A：フェリーは何時に着いて、何時に出航するの？

　　　B：午後1時に着いて3時に出航です。

744　A：彼女と知合ったいきさつは？

　　　B：大連行きの船に乗り合わせたんです。

745　A：君の下の妹さんどこへいったかな？

　　　B：妹は叱られる前に隠れちゃいました。

746　A：どうやっても蝿が出て行かない！

　　　B：蝿たたきを取って来ます。

747　A：私はこの作品がとても気に入っています。

　　　B：苦心の跡がうかがえる作品ですね。

748　A：あの件は解決しましたか？

　　　B：双方が譲歩して円満に解決しました。

2-75

741
A：Qìchē chōngjìn xiǎoxuéshēng de duìliè lǐ le!
汽车 冲进 小学生 的 队列 里 了！
B：Zhēn shì búxìngzhōng yǒuxìng, méiyǒu sǐrén!
真 是 不幸中 有幸，没有 死人！

742
A：Wǒ shuō ya, duì nà jiàn shìr, búyào juǎnrù de tài shēn.
我 说 呀，对 那 件 事儿，不要 卷入 得 太 深。
B：Yǐjing bèi juǎnde hěn shēn de xuánwōli le!
已经 被 卷得 很 深 的 旋涡里 了！

743
A：Dùlún jǐ diǎn kào'àn, jǐ diǎn kāichuán?
渡轮 几 点 靠岸，几 点 开船？
B：Xiàwǔ yì diǎn kào'àn, sān diǎn kāichuán.
下午 一 点 靠岸，三 点 开船。

744
A：Nǐ shì zěnme rènshi tā de ne?
你 是 怎么 认识 她 的 呢？
B：Zài kāiwǎng Dàlián de chuánshang hé tā pèngshang le.
在 开往 大连 的 船上 和 她 碰上 了。

745
A：Nǐ de xiǎomèimei dào nǎr qù le?
你 的 小妹妹 到 哪儿 去 了？
B：Mèimei zài áimà qián cáng qǐlái le.
妹妹 在 挨骂 前 藏 起来 了。

746
A：Zěnme gǎn, cāngying yě fēi bù chūqù!
怎么 赶，苍蝇 也 飞 不 出去！
B：Wǒ qù ná cāngyíngpāizi lái ba!
我 去 拿 苍蝇拍子 来 吧！

747
A：Wǒ fēicháng xīnshǎng zhè ge zuòpǐn.
我 非常 欣赏 这 个 作品。
B：Kěyǐ kànchū shì fèi le xīnxuè de zuòpǐn.
可以 看出 是 费 了 心血 的 作品。

748
A：Nà jiàn shìr jiějué le ma?
那 件 事儿 解决 了 吗？
B：Yóuyú shuāngfāng bǐcǐ ràngbù, yuánmǎn jiějué le.
由于 双方 彼此 让步，圆满 解决 了。

749　A：彼にあんな事言ったけど、怒ってないだろうか？

　　B：大丈夫です。彼は小さな事を気にしませんから。

750　A：最近は誰もが携帯を持っているね。

　　B：単なる流行です。不必要な通信は大変な浪費ですから。

751　A：全力で皆様のご要望にそえるよう努力致します。

　　B：ご協力に感謝致します。

752　A：昨日の講演、彼の話はどうだった？

　　B：がっかりしました。綺麗ごとを並べていただけです。

753　A：彼はみんなから敬遠されているね。

　　B：ぶっきら棒だけど、根はとてもいい人なんですけどね。

754　A：男が一人恋の迷路でさまよってるなあ！

　　B：あなたも早くいい人を見つけなさいよ！

■【日本語を簡潔明瞭に】

　外国語は母国語のレベルが高ければ高いほど上達する可能性があります。但し母国語のレベルを超える事は至難の技です。 日本語を歯切れよく明解に話せる人は、外国語を勉強すると、段々母国語と同じように、歯切れよく明解な外国語になってきます。日本語に似てくるのです。通訳訓練をしていると、その事がよくわかります。日本語の能力は、外国語を勉強する場合深く関係してくるようです。中国語の言い方では、決定語が先に来ます。「私は知っている、その事を」と ↗

749
A：Wǒ duì tā nàme shuō, tā bú huì shēngqì ba?
我对他那么说，他不会生气吧?

B：Bú huì de. Tā duì xiǎoshìr bú zàiyì.
不会的。他对小事儿不在意。

750
A：Zuìjìn bùguǎn shì shéi rénrén dōu yǒu shǒujī ne.
最近不管是谁人人都有手机呢。

B：Zhè shì yìzhǒng liúxíng. Bú bìyào de tōngxùn shì hěn dà de làngfèi.
这是一种流行。不必要的通讯是很大的浪费。

751
A：Wǒmen jiéjìn quánlì mǎnzú nǐmen de yāoqiú.
我们竭尽全力满足你们的要求。

B：Gǎnxiè guìfāng de xiézhù.
感谢贵方的协助。

752
A：Zuótiān de yǎnjiǎng tā jiǎng de zěnmeyàng?
昨天的演讲他讲得怎么样?

B：Tài lìng rén shīwàng le. Zhǐshì shuō le xiē piàoliang huà.
太令人失望了。只是说了些漂亮话。

753
A：Dàjiā duì tā dōu jìng ér yuǎnzhī.
大家对他都敬而远之。

B：Tā suīrán shuōhuà shēngyìng, dàn xīnyǎnr kě hǎo.
他虽然说话生硬，但心眼儿可好。

754
A：Yí ge nánrén zhèng pánghuáng yú liànài de mítúshang!
一个男人正彷徨于恋爱的迷途上!

B：Nǐ yě zǎo diǎnr zhǎo yí ge hǎo de ba!
你也早点儿找一个好的吧!

いった調子です。日本語は決定語が最後に来ますので、その前の言葉が多いと、回りくどく複雑になりがちです。日本語で話す内容を簡潔明瞭にまとめる習慣をつけておくと、中国語会話の勉強でも大変役立つと思います。日本語で、ある事柄を簡潔明瞭に説明する力がない場合、同じような事を中国語で説明する事は難しいでしょう。日本語で楽しく会話が出来る人は、中国語でも楽しく会話が出来るようになる可能性が大きいと思います。

755　A：彼女の前だとドキドキして、どもってしまう！

　　　B：彼女もあなたの事、嫌いじゃないみたいですね。

756　A：彼はいつもさっぱりした身なりをしてるね！

　　　B：でも、あんなに身奇麗にするには金がかかりますよ！

757　A：彼の話はユーモアがあるね。

　　　B：ええ。いつもおかしな事を言って人を笑わせます。

758　A：彼ははっきりOKしたよ！

　　　B：それはよかった！これで枕を高くして眠れます。

759　A：このニュースは信用できると思うかい？

　　　B：信用できるとは限りませんね。

760　A：君の腕前は玄人はだしだね！

　　　B：そんなに買かぶらないで下さい。

761　A：彼は風采は上がらないけど、とても頭がいいんだよ。

　　　B：人は見掛けによらないものですね。

762　A：あちらこちらに違法コピー、偽物が出まわってるね。

　　　B：戦後の日本もそうだったそうです。

755 A：Wǒ yí dào tā miànqián jiù xīn tiào, kǒuchī de lìhai!
我一到她面前就心跳，口吃得厉害！

B：Wǒ kàn tā sìhū bìng bù yídìng bù xǐhuan nǐ.
我看她似乎并不一定不喜欢你。

756 A：Tā zǒngshì dǎbàn de yòu gānjìng yòu lìluò!
他总是打扮得又干净又利落！

B：Búguò, gānjìng lìluò yào děi huāqián ne!
不过，干净利落要得花钱呢！

757 A：Tā shuōhuà hěn yōumò.
他说话很幽默。

B：Duì. Zǒngshì shuō xiē kěxiào de shìr dòu rén xiào.
对。总是说些可笑的事儿逗人笑。

758 A：Tā míngquè dāying le!
他明确答应了！

B：Tài hǎo le! Zhèyàng wǒmen jiù kěyǐ gāozhěn wúyōu le.
太好了！这样我们就可以高枕无忧了。

759 A：Nǐ shuō zhè ge xiāoxi kěkào ma?
你说这个消息可靠吗？

B：Zhè ge xiāoxi wèibì kěkào.
这个消息未必可靠。

760 A：Nǐ de běnlǐng shèngguo hángjiā ne!
你的本领胜过行家呢！

B：Bú yào bǎ wǒ gūjì de guògāo.
不要把我估计得过高。

761 A：Tā suīrán qímào bùyáng, dàn shíjìshang tóunǎo hěn hǎo.
他虽然其貌不扬，但实际上头脑很好。

B：Rén bùkě màoxiàng ma.
人不可貌相嘛。

762 A：Dàochù dōu néng kàndao dàobǎn jiǎmào.
到处都能看到盗版假冒。

B：Jùshuō zhànhòu bùjiǔ Rìběn yě shì rúcǐ.
据说战后不久日本也是如此。

763 A：人は火を使う動物ですから。

B：人間は万物の霊長ですもんね。

764 A：子供の頃に覚えた事は一生忘れないね！

B：本当ですね。

765 A：初めて上京した頃は迷子の子供みたいだったなあ。

B：今では大分慣れてきましたね。

766 A：あのご老人は君のお隣さんかい。

B：ええ。あの人は身寄りが無く、一人暮らしをしています。

767 A：彼は高度な内容を解り易く説明してくれたね。

B：はい。視野が広がりました。

768 A：寄らば大樹の陰だよ！

B：どうやってあの社長にコネをつけたんですか？

769 A：過ぎた事は忘れましょう。

B：そうですね。小異を捨てて大同につきましょう。

770 A：普通預金の口座を作りたいんですが。

B：2番の窓口へ行って下さい。

763 A：Rénlèi shì yòng huǒ de dòngwù.
人类 是 用 火 的 动物。

B：Rén wéi wànwù zhī líng.
人 为 万物 之 灵。

764 A：Xiǎo shíhour jìzhù de shìqing yíbèizi wàng bu diào!
小 时候儿 记住 的 事情 一辈子 忘 不 掉!

B：Méi cuò.
没 错。

765 A：Chūcì dào Dōngjīng lái de shíhou, jiǎnzhí xiàng ge mílù de háizi ne.
初次 到 东京 来 的 时候，简直 像 个 迷路 的 孩子 呢。

B：Xiànzài yǐjing jīběn shìyìng le.
现在 已经 基本 适应 了。

766 A：Nà wèi lǎorén shì nǐ de línjū ba.
那 位 老人 是 你 的 邻居 吧。

B：Duì. Tā shì ge wúyī wúkào de dújū lǎorén.
对。他 是 个 无依 无靠 的 独居 老人。

767 A：Tā de jiǎngjiě shēnrù qiǎnchū, róngyì lǐjiě.
他 的 讲解 深入 浅出，容易 理解。

B：Duì. Shǐ wǒ kāikuò yǎnjiè le.
对。使 我 开阔 眼界 了。

768 A：Kàozhe dàshù hǎo chéngliáng!
靠着 大树 好 乘凉!

B：Nǐ shì zěnme gēn nà wèi shèzhǎng dāshang guānxi de?
你 是 怎么 跟 那 位 社长 搭上 关系 的?

769 A：Guòqù de shìqing ràng tā guòqù ba.
过去 的 事情 让 它 过去 吧。

B：Shìde. Qiú dàtóng cún xiǎoyì ba.
是的。求 大同 存 小异 吧。

770 A：Wǒ xiǎng kāi yí ge huóqī cúnkuǎn de hùtóu.
我 想 开 一 个 活期 存款 的 户头。

B：Qǐng dào èr hào chuāngkǒu qù.
请 到 二 号 窗口 去。

771　A：送金なさるとのことですが、口座振込みでしょうか？

　　B：はい、ここに送りたいんです。

772　A：あの若い弁護士は本当に礼儀をわきまえてないね。

　　B：あんなひよっこの青二才に何が出来るもんですか？

773　A：これ誰にもらったんだい？

　　B：となりの小母さんにもらったんです。

774　A：「お爺さんは山に柴刈りに行きました。」という話知ってる？

　　B：知ってます。「お婆さんは川に洗濯に行きました。」と続くんですよね。

775　A：普段外出する時は何を着て行くの？

　　B：ジージャンとジーパンです。

776　A：戸籍謄本を取りたいのですが。

　　B：この申請用紙に記入してください。

777　A：すみません、ごみの収集日はどうなってますか？

　　B：燃えるごみは火、木、土で、燃えないごみは水曜だけです。

771
A：您说要汇款，是汇入账号吗？
B：是的，汇到这个地方。

772
A：那个年轻律师真不懂礼貌。
B：那样乳臭未干的毛孩子能干得了什么？

773
A：这是谁送的？
B：是邻家的大妈送的。

774
A：你知道"老大爷到山里去打柴了"这个故事吗？
B：知道。下一句是说，"老太太到河边去洗衣服了"。

775
A：你平时外出的时候儿穿什么？
B：穿牛仔衫，再加一条牛仔裤。

776
A：我要户口抄件。
B：请填好这张申请表格。

777
A：请问，收垃圾的日期有什么规定吗？
B：可燃垃圾是周二、四、六，非可燃垃圾只是周三。

778　A：残念ですが、当日は先約があって参加できません。

　　　B：それは残念です。次の機会には是非いらっしゃって下さい。

779　A：生態系の保全はみんなの責任ですね。

　　　B：このまま生態系の破壊がすすめば、人類は自らの首を絞める事になりますよね。

780　A：ガイドさんが滔々とここの風土や人情について説明してくれたね。

　　　B：彼女の話はいつまでも延々と続きましたね。

781　A：僕は話すのが苦手で思った事が上手く言えないんだ。

　　　B：彼女に手伝ってもらいましょうよ。

782　A：この作品いいでしょう。

　　　B：いいですね。当時の世相を活き活きと描いています。

■【コミュニケーション】

　外国語を勉強する目的は「コミュニケーション」です。異文化間コミュニケーションと言われます。その直接的手段の第1が外国語の会話を習得する事です。人と人とが知覚、感情、思考を言語によって伝達しあいます。　↗

778 A：Zhēn shì yíhàn, dāngtiān wǒ yǐjing yǒuyuē zàixiān,
真 是 遗憾，当天 我 已经 有约 在先，

cānjiā bù liǎo le.
参加 不 了 了。

B：Shì ma, tài yíhàn le, nàme xiàcì yǒu jīhuì yídìng cānjiā.
是 吗，太 遗憾 了，那么 下次 有 机会 一定 参加。

779 A：Bǎohù shēngtài huánjìng rénrén yǒu zé.
保护 生态 环境 人人 有 责。

B：Rúguǒ rénmen jìxù pòhuài shēngtài huánjìng, bì jiāng zìshí qíguǒ.
如果 人们 继续 破坏 生态 环境，必 将 自食 其果。

780 A：Dǎoyóu tāotāo bùjué de xiàng wǒmen jièshao le zhè yí dài de
导游 滔滔 不绝 地 向 我们 介绍 了 这 一 带 的

fēngtǔ rénqíng.
风土 人情。

B：Tā shuō qi huà lái, tāotāo bùjué, méi wán méi liǎo.
她 说 起 话 来，滔滔 不绝，没 完 没 了。

CD 2-79 781 A：Wǒ bú shàn yáncí, bù néng hěn hǎo de biǎodá zìjǐ de yìsi.
我 不 善 言辞，不 能 很 好 地 表达 自己 的 意思。

B：Qǐng tā bāng ge máng ba.
请 她 帮 个 忙 吧。

782 A：Zhè bù zuòpǐn bú cuò ba.
这 部 作品 不 错 吧。

B：Bú cuò. Shēngdòng de miáoxiě le dāngshí de shìtài.
不 错。生动 地 描写 了 当时 的 世态。

ここでもやはり、自分が相手に何を伝えたいかという事が大切で、次に必要な事柄を覚える事だと思います。

|783| A：今回は本当に目の保養になりました！

　　　B：景色が美しくて帰りたくなかったですね。

|784| A：「日の出と共に働き、日の入りと共に眠る」生活が出来たらいいなあ！

　　　B：私もそんな単純で素朴な生活にあこがれます。

|785| A：泰山の頂上には名勝がたくさんあるそうですね？

　　　B：はい。一番有名なのは泰山の頂上から見る日の出です。

|786| A：彼女は言葉も態度も礼儀正しいね！

　　　B：謙虚な気持ちを持ってるんですね。

|787| A：彼女は他人を尊重する人だね！

　　　B：人を尊重すれば、自分も尊重されますから！

|788| A：今晩ここで君に会おうとは思いもしなかった。

　　　B：私もちょうどそう言おうと思っていたところです。

|789| A：ご主人はお元気ですか？

　　　B：はい、元気です。あなたに会いたがっていました。

|790| A：日本のお歳暮の習慣はすごいね。

　　　B：私はお歳暮廃止に賛成です。

783 A：这回实在是大饱眼福了!
Zhè huí shízài shì dà bǎo yǎnfú le!

B：山明水秀的风光使我留连忘返。
Shānmíng shuǐxiù de fēngguāng shǐ wǒ liúlián wàngfǎn.

784 A："日出而作，日入而息"这样多好!
"Rìchū ér zuò, rì rù ér xī" zhèyang duō hǎo!

B：我也向往那种简单纯朴的生活方式。
Wǒ yě xiàngwǎng nà zhǒng jiǎndān chúnpǔ de shēnghuó fāngshì.

785 A：听说泰山顶上有许多名胜?
Tīngshuō Tàishān dǐngshang yǒu xǔduō míngshèng?

B：有。最出名的是泰山顶上观日出。
Yǒu. Zuì chūmíng de shì Tàishān dǐngshang guān rìchū.

786 A：她从言辞到态度都彬彬有礼!
Tā cóng yáncí dào tàidù dōu bīnbīn yǒulǐ!

B：她有谦虚的精神。
Tā yǒu qiānxū de jīngshén.

787 A：她能尊重别人!
Tā néng zūnzhòng biérén!

B：只要尊重别人，自己也会被人尊重啊!
Zhǐyào zūnzhòng biérén, zìjǐ yě huì bèi rén zūnzhòng a!

788 A：真没想到今晚会在这儿见到你。
Zhēn méi xiǎngdào jīnwǎn huì zài zhèr jiàndao nǐ.

B：我也正想这么说呢。
Wǒ yě zhèng xiǎng zhème shuō ne.

789 A：你爱人好吗?
Nǐ àirén hǎo ma?

B：谢谢，很好。她真想见你呢。
Xièxie, hěn hǎo. Tā zhēn xiǎng jiàn nǐ ne.

790 A：在日本年终送礼的习惯相当盛行。
Zài Rìběn niánzhōng sònglǐ de xíguàn xiāngdāng shèngxíng.

B：我赞成废除年礼的意见。
Wǒ zànchéng fèichú niánlǐ de yìjiàn.

791　A：もうすぐお盆だね。

　　　B：お盆には田舎に帰って墓参りです。

792　A：君の田舎じゃあ「燈篭流し」やる？

　　　B：勿論です。お盆に燈篭流しがないと変ですよ。

793　A：見て、あの木の上に綺麗な鳥がいるよ。

　　　B：ほんとだ。鶯みたいです。綺麗ですね。

794　A：彼の話は全くの出鱈目だ、事実と全く違っている！

　　　B：安心して下さい、誰も彼を信用しませんから。

795　A：去年新彊ウイグル自治区を旅行した時、この目で実際に蜃気楼を見ました。

　　　B：私も行って、蜃気楼を見てみたいなあ。

796　A：ここの家具はいい作りだけど、高いんだろうね。

　　　B：これはみんな中古で、値段も高くありません。

797　A：隣のおばさんが悪い人に騙されないかと心配だ。

　　　B：彼女は耳も目もしっかりしてます、誰も騙せませんよ。

791
A：快要 到 盂兰盆节 了。
B：到 了 盂兰盆节，我 回 老家 探亲 扫墓。

792
A：你 的 家乡 搞"放 河灯"吗？
B：当然 搞。到 了 盂兰盆节 不 搞 放 河灯 就 很 别扭。

793
A：瞧，在 那 棵 树上 有 只 鸟，很 漂亮。
B：看见 了。象 是 只 黄莺。 真 漂亮。

794
A：他 讲 的 全 是 胡说 八道，事实 完全 不 是 这样 的！
B：你 放心，谁 都 不 相信 他。

795
A：去年 我 在 新疆 旅行 时，亲眼 看到 了 海市蜃楼 的 奇观。
B：我 也 想 去 新疆， 也 想 看看 海市 蜃楼。

796
A：这些 家具 设计 得 很 好，一定 很 值钱 吧。
B：这些 都 是 别人 用过 的，价格 也 不 算 贵。

797
A：我 担心 邻家 的 大妈 受 骗。
B：她 是 个 耳聪 目明 的 人，没 人 瞒 得 了 她。

798 A：あの人があやしい中国語でひとしきり解説してくれたね。

B：とても親切ではあったけど、話はさっぱり分かりませんでした。

799 A：人間の欲には限りがないね。

B：でも「欲深きは身を滅ぼす」ですよ。

800 A：今なんてお祈りしたんだい？

B：何事も思いのままに、いつも楽しく過ごせますように。

798 A：那位先生 用 蹩脚的 汉语给我们解释了半天。
     B：他非常 热情，可他讲的内容 我们 却 不知所云。

799 A：人的 欲望 没有 止境。
     B：但是"多欲 则 亡身" 呢。

800 A：你 刚才 祈祷 的 是 什么？
     B：事事 称心 如意，时时 快乐 无忧。

著者

長谷川正時
　　新潟県出身。日本大学文理学部中退。日中学院本科、中国語研修学校本科、サイマル・アカデミー中国語同時通訳コース等で中国語を学び、フリーランスの中国語通訳者、翻訳者として活動。通訳歴30年。元インター・スクール中国語通訳科上級班講師、元日中学院別科通訳科講師。2008年〜2015年まで明海大学外国語学部中国語学科教授。通訳養成ゼミ担当。2015年4月に明海大学を定年退職し、中国語通訳翻訳者として現在に至る。
　　主な著書：『通訳メソッドを応用した中国語中級会話700　第2版』、『通訳メソッドを応用したシャドウイングで学ぶ中国語文法』、『通訳メソッドを応用したシャドウイングで学ぶ中国語難訳語500』、『通訳メソッドを応用したシャドウイングと速読で学ぶ中国語通訳会話』、『通訳メソッドを応用したシャドウイングで学ぶ中国語基本動詞93』(以上スリーエーネットワーク)、『入門からのシャドウイング　中国語短文会話360と基本文法』、『初級からのシャドウイング　中国語短文会話600』(以上コマガタ出版事業部・星雲社)

CDの声の出演

加藤恵子　斉藤康弘　李琰　李坤陽

マルチリンガル ライブラリー

通訳メソッドを応用した中国語短文会話800

2004年3月25日初版第1刷発行
2022年5月23日第13刷発行

著　者	長谷川正時
発行者	藤嵜政子
発　行	株式会社スリーエーネットワーク
	〒102-0083　東京都千代田区麹町3丁目4番　トラスティ麹町ビル2F
	電話　営業　03(5275)2722
	編集　03(5275)2725
	https://www.3anet.co.jp/
印　刷	倉敷印刷株式会社
CD制作	高速録音株式会社

ISBN978-4-88319-296-0　C0087

落丁・乱丁本はお取り替えいたします。
本書の全部または一部を無断で複写複製(コピー)することは著作権法上での例外を除き、禁じられています。